मैं
दयानंद सरस्वती
बोल रहा हूँ

स्वामी दयानंद सरस्वती का वास्तविक नाम मूलशंकर था। उनका जन्म धार्मिक विचारों के सुसंस्कृत परिवार में हुआ था। सन् 1846 में केवल 22 वर्ष की आयु में उन्होंने अपना घर-परिवार त्याग दिया था। इसके बाद उन्होंने संन्यास ग्रहण कर स्वामी विरजानंद की छत्रच्छाया में शिक्षा-दीक्षा प्राप्त की।

स्वामी दयानंद सरस्वती ने हिंदू धर्म में व्याप्त अनेक कुरीतियों को दूर करने के लिए गंभीर प्रयास किए। वे एकेश्वरवाद के प्रबल समर्थक थे और इसका उन्होंने बढ़-चढ़कर प्रचार-प्रसार भी किया। वेद उनकी प्रेरणा थे। उन्होंने लोगों को वेदों की महत्ता का ज्ञान कराते हुए उन्हें फिर से वेदों के अध्ययन-चिंतन की ओर लौटने के लिए प्रेरित किया। उन्होंने सिद्ध कर दिया कि पुराण ईश्वर-प्रदत्त ग्रंथ नहीं हैं, बल्कि वेद हैं। उन्होंने यह भी प्रमाणित किया कि उपनिषद् और पुराण जैसे धर्मशास्त्र ऋषि-प्रदत्त हैं, लेकिन वे सभी वेदों पर ही निर्भर हैं और उनकी मान्यता भी तभी तक है, जब तक वे वेदानुकूल हैं।

ऐसे धर्मरक्षक पावन संत स्वामी दयानंद सरस्वती के अनमोल वचन इस संकलन में प्रस्तुत हैं, जो पाठक को धर्म, दर्शन, अध्यात्म, कर्म और मानव-मूल्यों की गहरी समझ देंगे।

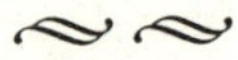

राजस्वी

जन्म : 2 जून, 1967 को ग्राम लाँक, जिला शामली, उत्तर प्रदेश में।

शिक्षा : स्नातक (उस्मानिया विश्वविद्यालय, हैदराबाद)।

कृतित्व : 'हरियाणा हैरिटेज' में संपादन कार्य किया। दिल्ली के कई प्रतिष्ठित प्रकाशन संस्थानों के लिए वैतनिक एवं स्वतंत्र रूप से संपादन-लेखन कार्य; विभिन्न प्रकाशन संस्थानों से अब तक लगभग 65 पुस्तकें प्रकाशित। देश की सामाजिक समस्याओं पर 10 कहानियाँ एवं विभिन्न पत्र-पत्रिकाओं में राजनीतिक-सामाजिक विषयों पर अनेक लेख प्रकाशित।

मैं दयानंद सरस्वती बोल रहा हूँ

सं. राजस्वी

प्रकाशक
प्रभात प्रकाशन प्रा. लि.
4/19 आसफ अली रोड, नई दिल्ली–110002
फोन : 011–23289777 • हेल्पलाइन नं. : 7827007777
इ–मेल : prabhatbooks@gmail.com ❖ वेब ठिकाना : www.prabhatbooks.com

संस्करण
2025

पेपरबैक मूल्य
तीन सौ रुपए

मुद्रक
श्री साई प्रिंटर्स, साहिबाबाद

★

MAIN DAYANANDA SARASWATI BOL RAHA HOON
Ed. Shri Rajasvi

Published by **PRABHAT PRAKASHAN PVT. LTD.**
4/19 Asaf Ali Road, New Delhi-110002

ISBN 978-93-5521-158-3

₹ 300.00 (PB)

अनुक्रम

स्वामी दयानंद सरस्वती : एक परिचय

वेद विशारद, वेदों के प्रकांड पंडित एवं आर्यसमाज के संस्थापक स्वामी दयानंद सरस्वती ने 19वीं शताब्दी में भारतवर्ष में जो सामाजिक और धार्मिक सुधारों की अलख जगाई थी, उसकी जितनी भी प्रशंसा की जाए, कम है। उनका आविर्भाव ऐसे समय में हुआ, जब धर्म के नाम पर चारों ओर विभिन्न प्रकार के ढोंग और आडंबरों का बोलबाला था।

स्वामी दयानंद सरस्वती का वास्तविक नाम मूलशंकर था। उनका जन्म धार्मिक विचारों से पूर्ण परिवार में हुआ था। केवल 22 वर्ष की आयु में 1846 में उन्होंने अपना घर-परिवार त्याग दिया था। इसके बाद उन्होंने संन्यास ग्रहण कर स्वामी विरजानंद की छत्रच्छाया में शिक्षा-दीक्षा प्राप्त की।

स्वामी दयानंद सरस्वती ने हिंदू धर्म में व्याप्त अनेक प्रकार की कुरीतियों को दूर करने के लिए गंभीर प्रयास किए। वे एकेश्वरवाद के प्रबल समर्थक थे और इसका उन्होंने बढ़-चढ़कर प्रचार-प्रसार भी किया। वेद उनकी प्रेरणा थे। उन्होंने लोगों को वेदों की महत्ता का भान कराते हुए उन्हें फिर से वेदों के अध्ययन-चिंतन की ओर लौटने के लिए प्रेरित किया।

ऐसा नहीं था कि स्वामी दयानंद सरस्वती पुरातन विचारधारा के व्यक्ति थे। उनके दृष्टिकोण में तर्कशीलता और वैज्ञानिकता का गहरा पुट भी था। उस समय भारतीय समाज में बाल-विवाह एक भयानक कुप्रथा

के रूप में प्रचलित था, जिसका उन्होंने प्रबल विरोध किया। उन्होंने विवाह को लेकर अपना दृष्टिकोण प्रस्तुत करते हुए कहा कि विवाह के लिए वर की आयु पच्चीस वर्ष और कन्या की आयु सोलह वर्ष होनी चाहिए। इसके अलावा उन्होंने विधवा-विवाह के लिए भी कार्य किया।

स्वामी दयानंद सरस्वती महान् वीतरागी पुरुष थे। उनके पिता के पास काफी संपत्ति थी, लेकिन उन्होंने न तो कभी स्वयं को धन की आड़ में जीवन जीने के लिए प्रेरित किया और न ही कभी ऐश्वर्यपूर्ण जीवन की कामना की। यद्यपि उनके जीवन में ऐसे कई अवसर आए, जब उन्हें धन के प्रलोभन दिए गए, तथापि वे इससे सर्वथा अस्पृश्य रहे।

कम आयु मे ही स्वामी दयानंद सरस्वती को बोध हो गया था कि मूर्तिपूजा ईश्वर की उपासना की सच्ची डगर नहीं है, बल्कि यह एक झूठा पाखंड एवं आडंबर है। यही बात उनके मन-मस्तिष्क में बैठ गई। उन्होंने मूर्तिपूजा का खुलकर बहिष्कार किया। इसकी शुरुआत उन्होंने अपने घर से ही की। जब उन्होंने अपने पिता के सम्मुख ही मूर्तिपूजा का खंडन किया तो वे क्रोधित हो उठे, लेकिन पिता उनके विश्वास को एक इंच भी न डिगा सके। अंततः जब एकेश्वरवाद पर उनकी अपने घर-परिवारवालों से बात नहीं बनी तो उन्होंने घर का परित्याग कर दिया और सत्य की खोज में निकल पड़े।

यह वह समय था, जब समाज रूढ़िवादी आडंबरों में जकड़ा हुआ था। स्वामी दयानंद सरस्वती ने इन रूढ़िवादी आडंबरों की जकड़न से समाज को मुक्त कराने का प्रयास किया, हालाँकि यह एक जोखिम भरा कार्य था, जिसमें उन्हें जान से मारने तक की धमकियाँ दी गईं। उन्होंने निडरता का परिचय दिया और अपने वैचारिक सिद्धांत पर अडिग व अटल रहे। उन्होंने सदैव यह प्रयत्न किया कि विवादित बातों का परित्याग कर लोग एकमत के साथ सर्वसम्मत धर्म को अंगीकार कर लें।

स्वामी दयानंद सरस्वती ने बताया कि परमात्मा ही मनुष्य का

वास्तविक एवं सर्वोत्तम गुरु है, जो अपने शिष्य को सद्मार्ग पर चलने के लिए प्रेरित करता है। उनका कहना था कि संपूर्ण संसार में ज्ञान और सच्चाई की ज्योति जलानेवाला परमात्मा ही है। उन्होंने बताया कि वेद के रूप में परमात्मा ने मनुष्य को शिक्षा प्राप्त करने का सर्वोत्तम साधन प्रदान किया है। वेदों को पढ़ने का सभी को समान अधिकार है, क्योंकि वेदों में ही मानवजाति का कल्याण निहित है।

जब पुराणपंथियों ने यह कहा कि पुराण भी वेदों जितने ही प्राचीन हैं और इनकी रचना भी ईश्वर ने की है तो यह विषय विवादास्पद बन गया। यूरोप के एक महान् संस्कृतज्ञ प्रो. गोल्डस्टुकर ने इस संबंध में लिखा—

"जब कोई जाति अपने धर्माचार्यों के बहकाने से अथवा अविद्या के कारण पुराणों जैसी नवीन पुस्तकों को ईश्वरीय ज्ञान कहने लगे तो उसका नतीजा उस जाति के घोर अध:पतन में ही होगा, जिससे उभरना कठिन है। हिंदू जाति पतन की उसी सीमा तक पहुँच गई है और देखना है कि उसके कदम अब किस ओर उठते हैं। माना कि वह कई शताब्दियों से उसी स्थान पर खड़ी है, किंतु वर्तमान समय की राजनैतिक और सामाजिक दशा उसे एक ही स्थान पर खड़ा नहीं रहने देगी।

"जब से हिंदुओं ने पुराणों को अपना धर्मस्रोत बताना आरंभ किया, तभी से धार्मिक प्रवंचना के मार्ग की बाधाएँ दूर हो गईं और ऐसे संप्रदाय उत्पन्न हो गए, जिन्होंने धर्म और समाज को नष्ट कर दिया। ऐसे-ऐसे नियम बने, जो सर्वथा लज्जाजनक थे। ऐसी-ऐसी प्रथाएँ जारी की गईं, जो हिंदुओं के लिए चिंता तथा लज्जा का कारण बनीं। यहाँ इस बात की आवश्यकता नहीं है कि विस्तार में जाकर हम इन प्रथाओं की परीक्षा करें। इस प्रसंग से तंत्र साहित्य की कलई खोली जा सकती है, किंतु इस समय कलकत्ता, बंबई तथा बनारस से जो पत्र प्रकाशित होते हैं, उनसे स्पष्ट हो जाता है कि पुराण और तंत्र साहित्य कितना विषाक्त है। हालाँकि इन ग्रंथों के आलोचक आज के विद्वान् भी हिंदू जाति के समक्ष उत्पन्न खतरे का

मुकाबला करने में असमर्थ हैं। ऐसा वे तब ही कर सकेंगे, जब वे साहस के साथ रोग का निदान करेंगे और हिंदुओं को इन दूषित ग्रंथों से बचा पाएँगे।''

स्वामी दयानंद ने सिद्ध कर दिया कि पुराण ईश्वर प्रदत्त ग्रंथ नहीं हैं, बल्कि वेद हैं। उन्होंने यह भी प्रमाणित किया कि उपनिषद् और पुराण जैसे धर्मशास्त्र ऋषि प्रदत्त हैं, लेकिन वे सभी वेदों पर ही निर्भर हैं और उनकी मान्यता भी तभी तक है, जब तक वे वेदानुकूल हैं।

स्वामी दयानंद बड़े दूरदर्शी व्यक्ति थे। उन्होंने समझ लिया था कि समाज में सुधार कार्य के लिए एक ऐसे संगठन की आवश्यकता है, जो उनके द्वारा किए गए कार्यों को जारी रख सके। उनका विचार था कि जहाँ एक ओर यह संगठन वेद विद्या का प्रचार-प्रसार करेगा, वहीं दूसरी ओर यह मूर्तिपूजा का खंडन भी करेगा। इस तरह के विचारों को ध्यान में रखते हुए बंबई में आर्यसमाज की स्थापना की गई। आर्यसमाज को प्रचारित-प्रसारित करने के लिए उन्होंने अनेक नियम बनाए। इनके बारे में उनका कहना था कि यदि इन नियमों का उचित रूप से पालन किया जाए तो आशा है कि देश भर में शीघ्र ही स्वस्थ और स्वच्छ समाज की स्थापना की जा सकती है।

स्वामी दयानंद सरस्वती का आर्यों द्वारा अपनाई जानेवाली आश्रम-व्यवस्था में गहरा विश्वास था। समाज के कल्याण में इस व्यवस्था के महत्त्व को उन्होंने बहुत उपयोगी एवं महत्त्वपूर्ण माना था। वे यह भी भलीभाँति जानते थे कि धर्म-सुधार के बिना आर्य जाति के सुधार की संभावना अक्षुण्ण है, इसीलिए उन्होंने अपने जीवन का बहुमूल्य भाग धार्मिक सुधार हेतु समर्पित कर दिया।

यह कहने में कोई अतिशयोक्ति नहीं कि स्वामी दयानंद निर्भीक स्वभाववाले व्यक्ति थे। उनके जीवन में अनेक ऐसी घटनाएँ घटीं, जब उन्हें मृत्यु का साक्षात्कार करना पड़ा। उनके ऐसे अनेक शत्रु थे, जो उन्हें

मारने पर तुले हुए थे। पोंगा पंडित उनकी वैदिक अवधारणा से प्रसन्न नहीं थे, इसीलिए वे उन्हें मारने के लिए आतुर थे, परंतु उन्हें अपने उद्देश्य में किंचिन्मात्र भी सफलता मिलती दिखाई नहीं दी। उनके जीवन की एक घटना का वर्णन करते हुए मैडम ब्लावत्स्की ने लिखा है—

"हिंदू देवमाला में नाग को भी देवता के रूप में स्वीकार किया गया है। नाग को शिव के गले का आभूषण माना गया है। यही नाग शेषनाग के रूप में विष्णु की शय्या भी है। एक बार स्वामीजी का सामना एक ऐसे नागपूजक ब्राह्मण से हुआ जिसने वार्त्तालाप के दौरान अचानक ही उग्र होकर स्वामीजी के ऊपर एक साँप फेंक दिया, जो उसने अपनी टोकरी में छिपाकर रखा हुआ था। इसके बाद उसने कहा कि अब महादेव का नाग ही इस बात का न्याय करेगा कि सत्य का पक्ष किसका है।

"उसे तो पक्का विश्वास था कि यह नाग स्वामीजी का प्राणांत कर देगा, लेकिन हुआ इसके विपरीत। स्वामीजी ने एक ही झटके में नाग को हाथ में पकड़ लिया और तत्काल उसके सिर को कुचल डाला, फिर उस व्यक्ति की ओर मुख करके कहा कि तेरे देवता ने तो बहुत देर लगाई, लेकिन मैंने तत्काल ही इसका फैसला कर दिया। इसके बाद उन्होंने वहाँ उपस्थित लोगों से कहा कि जाओ और लोगों को बताओ कि झूठे देवताओं का यही हाल होता है।"

स्वामी दयानंद सरस्वती ने धर्म के गौरव एवं उत्थान के लिए जो कुछ भी किया, उसकी जितनी भी प्रशंसा की जाए, कम है। सच्चे अर्थों में कहा जाए तो वे एक ऐसे महान् महापुरुष थे, जिन्होंने काँटों की राह पर चलते हुए अपने उद्देश्य की प्राप्ति के लिए कार्य किया। वेद विशारद स्वामी ने आर्य समाज की स्थापना कर देशवासियों से वेदों की ओर लौटने का आह्वान किया।

जन्म एवं शिक्षा

स्वामी दयानंद सरस्वती का जन्म गुजरात राज्य के एक छोटे से गाँव टंकारा में 1824 में हुआ था। उनके पिता का नाम करषनजी तिवारी और माता का नाम शोभाबाई था। करषनजी एक धनाढ्य ब्राह्मण थे। सभी गाँववाले करषनजी को बड़ी श्रद्धा और सम्मान की दृष्टि से देखते थे। जब गाँववालों को पता चला कि करषनजी के घर एक पुत्र ने जन्म लिया है, तो वे बधाई देने के लिए उनके घर पहुँच गए। इस उपलक्ष्य में केवल घर में ही नहीं, बल्कि गाँव भर में खुशियाँ मनाई गईं। करषनजी और उनके परिवार के लिए यह बड़ी खुशी का दिन था।

करषनजी ने अपने पुत्र का नामकरण मूलशंकर किया। धार्मिक और आस्थावान् माता-पिता की छत्रच्छाया में मूलशंकर धीरे-धीरे पलने-बढ़ने लगा। बाल्यावस्था से ही मूलशंकर पर माता-पिता की धार्मिक प्रवृत्ति का गहरा प्रभाव पड़ा था। मूलशंकर की बढ़ती धार्मिक अभिरुचियों को देखकर माता-पिता अति प्रसन्न होते थे।

जब मूलशंकर पाँच वर्ष की अवस्था का हुआ तो उसे देवनागरी का अभ्यास कराया गया। इसी आयु में उसके माता-पिता ने उसे अपने वंश की रीति-नीति से परिचित कराया। जब बालक मूलशंकर आठ वर्ष का हुआ तो उसका यज्ञोपवीत संस्कार किया गया। चूँकि पिता पक्के शैवानुयायी थे, इसीलिए उन्होंने मूलशंकर को रुद्राध्यायों की शिक्षा दी, ताकि बाल्यावस्था में ही उस पर शैव मत का उनकी अपेक्षानुसार प्रभाव पड़े। अतः जिस प्रकार उसके माता-पिता भगवान् शिव और माता पार्वती की पूजा-अर्चना किया करते थे, उसी प्रकार वह भी पूर्ण श्रद्धा-भक्ति के साथ शिव-पार्वती की पूजा-अर्चना करने लगा।

पिता करषनजी यह देखकर बहुत खुश होते थे कि उनका लाडला मूलशंकर उनकी आज्ञा का भली-भाँति पालन करता है। अब उनके मन में यह धारणा बलवती होने लगी थी कि मूलशंकर शिवरात्रि का व्रत रखे

और कथा भी सुने। वे मूलशंकर को बताते कि शिवोपासना ही सर्वश्रेष्ठ तथा विशेष फलदायी है। उन्होंने 14 वर्ष की आयु तक मूलशंकर को यजुर्वेद संहिता कंठस्थ करा दी थी।

अभी मूलशंकर की आयु 14 वर्ष की थी कि पिता करषनजी ने पुत्र को शिवरात्रि का व्रत रखने के लिए कहा। इसके लिए पहले वह तैयार न हुआ, लेकिन जब पिता ने उसे इस व्रत की महिमा से परिचित कराया तो फिर वह इसके लिए तैयार हो गया।

गाँव भर में शाम के समय रात्रि जागरण की तैयारियाँ बड़े जोर-शोर से होने लगीं। शिवालय को बड़ी धूमधाम से सजाया गया। बड़ी संख्या में लोग वहाँ एकत्र हुए। मूलशंकर भी अपने पिता के साथ वहाँ पहुँचा। उन्होंने विधिपूर्वक पूजा-अर्चना की। रात्रि का प्रथम प्रहर समाप्त हुआ और फिर लोग नींद की खुमारी के कारण धीरे-धीरे अपने घरों की ओर लौटने लगे। कुछ उपासक अपने घरों को लौट गए तो कुछ वहीं शिवालय में निद्रा में लीन हो गए। मूलशंकर के पिता भी गहरी निद्रा में लीन थे, लेकिन मूलशंकर अभी जाग रहा था। जब रात्रि का दूसरा प्रहर बीत गया तो उसने देखा कि कहीं से एक चूहा आया और शिवलिंग पर चढ़कर उछल-कूद करने लगा व उसके आस-पास रखी वस्तुओं को खाने लगा। मूलशंकर यह दृश्य बड़े गौर से देख रहा था। उसके मन में यह सवाल बार-बार उठ रहा था कि विश्व का कल्याण करनेवाले भगवान् शिव की यह मूर्ति एक चूहे को हटाने में असमर्थ क्यों है। तरह-तरह के विचार मूलशंकर के मन को झकझोरने लगे। वह अपने प्रश्नों का उत्तर पाने के लिए आतुर हो उठा।

जब मूलशंकर का धैर्य टूट गया तो उसने अपने पिता को निद्रा से जगाया और अपने प्रश्नों का उनसे समाधान माँगा। पिता ने उसे समाधान तो दिया, लेकिन इससे संतुष्टि न हुई। अगले दिन उसने स्पष्ट शब्दों में कहा कि उसे पत्थर के शिव स्वीकार्य नहीं हैं और न ही आज के बाद वह

उनकी पूजा-अर्चना करेगा। उसके मुख से ये शब्द सुनकर पिता क्रोधित हो उठे और उसे दंडित करने के लिए व्यग्र हो उठे, लेकिन अन्य परिजनों के समझाने-बुझाने पर वे शांत हो गए।

मूलशंकर का हृदय मूर्तिपूजा का विरोधी हो उठा था। उसके हृदय में भिन्न-भिन्न प्रकार के प्रश्न उठने लगे थे। उसका हृदय अशांत रहने लगा और यह अशांति तब और भी गहरी हो गई, जब उसकी बहन और उसके चाचा अकाल ही काल का ग्रास बन गए।

मूलशंकर 20 वर्ष की अवस्था को पार कर चुके थे। उसके माता-पिता ने देखा कि उस पर वैराग्य हावी होता जा रहा है, इसीलिए उन्होंने उसका विवाह की तैयारियाँ आरंभ कर दीं। जब इस संबंध में मूलशंकर को पता चला तो उसने अपने विवाह को टालने हेतु पिता से अनुरोध किया कि मुझे उसे व्याकरण, ज्योतिष आदि विद्याएँ प्राप्त करने के लिए काशी भेज दें, लेकिन उन्होंने मूलशंकर के मनोरथ को ताड़ लिया था। अत: उन्होंने मूलशंकर को काशी भेजने से साफ मना कर दिया।

गृह-त्याग

जब पिता करषनजी ने मूलशंकर को काशी भेजने से मना कर दिया तो मूलशंकर ने उनसे निवेदन किया कि वे उसे काशी के बजाय गाँव से कुछ कोस की दूरी पर रहनेवाले एक वृद्ध पंडित के पास विद्या-प्राप्ति के लिए भेज दें। उसके इस निवेदन को पिता ने स्वीकार कर लिया।

एक दिन मूलशंकर ने उस वृद्ध पंडित से अपने मन की बात बताई कि वह विवाह नहीं करना चाहता। उसके इस विचार को पंडितजी ने मूलशंकर के पिता के सम्मुख प्रकट कर दिया। परिणाम यह हुआ कि पिता ने मूलशंकर को घर बुला लिया और उनके विवाह की तैयारियाँ शुरू कर दीं। उस समय मूलशंकर की आयु 21 वर्ष थी। उसके हृदय में वैराग्य ने जगह बना ली थी, इसीलिए वह विवाह नहीं करना चाहता था।

अत: उसने गृह-त्याग का निर्णय ले लिया। अंतत: काफी सोच-विचार के बाद 22 वर्ष की आयु में मूलशंकर ने गृह त्याग दिया।

गृह त्यागने के बाद मूलशंकर की भेंट रास्ते में साधुओं का वेश धारण किए हुए ठगों से हुई। उन्होंने मूलशंकर को बताया कि जब तक वह अपने शरीर पर धारण किए हुए आभूषणों का परित्याग नहीं करेगा, तब तक उसे पूर्ण वैराग्य की प्राप्ति नहीं होगी। इस तरह ठगों के बहकावे में आकर मूलशंकर ने अपने सभी आभूषण उन्हें दे दिए।

चलते-चलते मूलशंकर सायला नामक गाँव में पहुँचा। उसने यहाँ एक ब्रह्मचारी से नैष्ठिक ब्रह्मचर्य की दीक्षा ली। इसके बाद उसका नाम ब्रह्मचारी शुद्ध चैतन्य हो गया। यहाँ से चलकर शुद्ध चैतन्य अहमदाबाद के निकट कोट काँगड़ा नामक स्थान पर आ गए। यहाँ उनकी भेंट कुछ वैरागियों से हुई। इन वैरागियों ने उनसे अपनी मंडली में शामिल होने की बात कही। अत: रेशमी वस्त्रों को त्यागकर व सादे वस्त्र धारण कर वे लगभग तीन महीनों तक उनके साथ रहे।

यहाँ-वहाँ घूमते-फिरते शुद्ध चैतन्य सिद्धपुर आ गए। सिद्धपुर आने से पहले रास्ते में उनकी भेंट एक परिचित साधु से हुई थी, जिसने सारा वृत्तांत उनके पिता को लिख भेजा। जब उनके पिता को उनके सिद्धपुर में होने की सूचना मिली तो वे कुछ सिपाहियों को साथ लेकर वहाँ आ धमके। जब पिता ने उन्हें साधु के वेश में देखा तो उन्होंने क्रोधवश उनकी कड़ी भर्त्सना की।

रात के समय शुद्ध चैतन्य को पिता ने सिपाहियों की निगरानी में रखा, लेकिन जैसे ही शुद्ध चैतन्य को अवसर मिला, वे वहाँ से भाग निकले और अहमदाबाद से होते हुए वडोदरा जा पहुँचे। यहाँ वे नवीन वेदांत को माननेवाले अनुयायियों के संपर्क में आए। अत: उन्होंने भी नवीन वेदांत को स्वीकार कर लिया। इसके बाद वे चाणोद करनाली आ

गए। यहाँ वे नागशास्त्रों के ज्ञाता स्वामी सच्चिदानंद से मिले। इसके बाद वे स्वामी परमानंद परमहंस के निकट आ गए, जिनके पास रहकर उन्होंने 'वेदांत-सार और वेदांत-परिभाषा' आदि शंकर मत के ग्रंथों का अध्ययन करना आरंभ कर दिया।

संन्यास ग्रहण और विरजानंद से भेंट

शुद्ध चैतन्य के हृदय में संन्यास-ग्रहण की इच्छा बलवती होने लगी थी। इसका मुख्य कारण यह था कि इससे उन्हें एक नया नाम मिल जाएगा और उनके घरवाले उन्हें पहचान भी नहीं पाएँगे। अतः संन्यास की आकांक्षा मन में लिये वे एक दक्षिणी पंडित के पास पहुँचे और उनसे कहा कि वे चिदाश्रम स्वामी से कहें कि वे उन्हें संन्यास की दीक्षा दें, लेकिन चिदाश्रम स्वामी ने उनकी युवावस्था देखकर उन्हें संन्यास की दीक्षा देने से मना कर दिया।

इसके बाद वे स्वामी पूर्णानंद सरस्वती नामक एक दंडी स्वामी के पास पहुँचे और उनसे संन्यास की दीक्षा देने का अनुरोध किया। आरंभ में तो स्वामी पूर्णानंद ने उन्हें संन्यास की दीक्षा देने से मना कर दिया, लेकिन बाद में वे इसके लिए तैयार हो गए। इस तरह शुद्ध चैतन्य ने स्वामी पूर्णानंद से संन्यास की दीक्षा ग्रहण की और कुछ समय उनके सान्निध्य में रहे।

इस प्रकार 24 वर्ष की आयु में मूलशंकर ने शुद्ध चैतन्य बनकर और शुद्ध चैतन्य से स्वामी दयानंद सरस्वती के नामस्वरूप संन्यास ग्रहण किया। उन्होंने स्वामी योगानंद नामक एक योगी और कृष्णाशास्त्री नामक एक विद्वान् के पास थोड़ा-थोड़ा समय रहकर विद्याध्ययन किया। उनकी भेंट ज्वालानंद पुरी और शिवानंद पुरी नामक दो योगियों से भी हुई, जिनसे उन्होंने योगविद्या सीखी। तत्पश्चात् वे योगी भवानी गिरी की प्रशंसा एवं गुणगान सुनकर उनसे भेंट करने के लिए अर्बुदा भवानी के मंदिर में आ गए। इनकी छत्रच्छाया में रहकर उन्होंने योगविद्या के गूढ़ रहस्यों को सीखा।

स्वामी दयानंद यत्र-तत्र भ्रमण करते हुए ऋषिकेश आ गए, जहाँ उनकी भेंट गंगागिरी नामक एक सच्चरित्र संन्यासी से हुई। दोनों एक-दूसरे का परिचय पाकर बहुत प्रसन्न हुए। यहाँ से वे विभिन्न स्थलों का भ्रमण करते हुए गुप्तकाशी की ओर चले गए, जहाँ वे अनेक महान् विद्वानों के संपर्क में आए। इन विद्वानों से उन्होंने योग विषयक अनेक बातें सीखीं। कुछ समय गुप्तकाशी में ठहरने के बाद वे बदरीनाथ आ गए। यहाँ उन्होंने रावल पदवीधारी विद्वान् से भेंट की। कुछ समय यहाँ ठहरने के बाद वे जंगलों और पर्वतों को पार करते हुए रामपुर पहुँचे।

रामपुर से चलकर काशीपुर, द्रोणसागर, मुरादाबाद, संभल और गढ़मुक्तेश्वर जैसे विभिन्न स्थलों से होते हुए वे मथुरा आ पहुँचे। मथुरा आने का विशेष प्रयोजन यह था कि उन्होंने यहाँ के दंडी स्वामी विरजानंद की योग्यता और अपूर्व शास्त्रज्ञान की खूब चर्चा सुनी थी। स्वामी विरजानंद के संबंध में स्वामी दयानंद ने लिखा—

''संवत् 1917 विक्रमी को मथुरा में एक संन्यासी सत्पुरुष से मेरी मुलाकात हुई। उस समय उनकी आयु 81 वर्ष थी। उनकी वेद और आर्ष-शास्त्रों में बड़ी रुचि थी। वे नेत्रहीन थे और उन्हें कौमुदी, शेखर आदि आधुनिक व्याकरण ग्रंथों से चिढ़ थी। वे भागवत् आदि आधुनिक पुराणों का भी तिरस्कार करते थे। उनकी सभी आर्ष-ग्रंथों में बड़ी भक्ति थी।''

जब स्वामी दयानंद सरस्वती विरजानंद से मिले तो स्वामीजी ने उनसे विद्या प्राप्ति के विषय में पूछा। उन्होंने बताया कि अभी तक सारस्वत आदि ग्रंथों को पढ़ा है। इस पर स्वामी विरजानंद ने उन्हें आज्ञा दी कि इन ग्रंथों को फेंक दो। उन्होंने वैसा ही किया। इसके बाद स्वामी विरजानंद ने उन्हें पढ़ाना आरंभ किया। लगभग ढाई वर्षों तक उन्होंने स्वामी विरजानंद के पास रहकर विद्याध्ययन किया। विद्याध्ययन की समाप्ति के बाद विदाई के समय उन्होंने अपने गुरुदक्षिणा के रूप में लौंग दीं। इस गुरुदक्षिणा को देते समय उन्होंने अपने गुरु से कहा कि मेरे पास ऐसा कुछ विशेष नहीं है,

जो आपको प्रस्तुत करूँ। इस पर स्वामी विरजानंद ने कहा, "प्रिय पुत्र! तुमने जो अध्ययन किया है, उसकी सफलता तभी है, जब तुम देश का सुधार करो। वेदविद्या लुप्त हो गई है, इसलिए इसका पुनः प्रचार-प्रसार करो। सत्शास्त्रों की शिक्षा का प्रसार करो। मत-मतांतरों को समाप्त कर वास्तविक वेद धर्म का प्रचार करो। यह सदैव स्मरण रखना कि मनुष्यकृत ग्रंथों में परमेश्वर और ऋषियों की निंदा भरी हुई है। ऋषिकृत ग्रंथ अत्यंत सुबोध और विद्यायुक्त हैं। आर्ष और अनार्ष ग्रंथों में विवेक करना और इसी कसौटी से सत्धर्म को परखना तथा प्रचार-प्रसार करना।"

अपने गुरु स्वामी विरजानंद की बात को विनयपूर्वक स्वीकार करते हुए स्वामी दयानंद उनका आशीर्वाद लेकर देशोपकार हेतु चल पड़े।

कर्मक्षेत्र में प्रवेश

स्वामी दयानंद को अपने गुरु स्वामी विरजानंद के कहे हुए शब्द भली-भाँति स्मरण थे कि देशोद्धार हेतु कार्य करना। मथुरा से वे आगरा आ गए, जहाँ वे गुल्लामल अग्रवाल के बाग में ठहरे। आगरा में रहते हुए उन्होंने संध्या विधि की एक पुस्तक लिखी, जिसे लाला रूपलाल ने 30 हजार की संख्या में छपवाया और उन्हें लोगों के बीच मुफ्त में वितरित करवाया।

आगरा में लगभग दो वर्ष व्यतीत करने के बाद वे अपने कुछ शिष्यों के साथ ग्वालियर आ गए। यहाँ लोगों को वेदविद्या से परिचित कराने के बाद वे करौली होते हुए जयपुर आ गए। जयपुर में वे एक बाग में ठहरे। यहाँ उन्होंने कई विद्वानों के साथ शास्त्रार्थ कर अपनी विद्वत्ता का परिचय दिया। अचरौल के ठाकुर रणजीत सिंह ने जब उनसे उपदेश सुना तो उनका मूर्तिपूजा से मोहभंग हो गया।

इसके बाद वे पुष्कर आ गए। यहाँ भी उन्होंने मूर्तिपूजा का जोरदार

खंडन किया। पुष्कर से वे अजमेर आ गए। यहाँ भी जब उन्होंने मूर्तिपूजा का खंडन किया तो कोई भी ब्राह्मण उनसे शास्त्रार्थ करने हेतु सामने नहीं आया।

22 अक्तूबर, 1869 को स्वामी दयानंद काशी जा पहुँचे। यहाँ वे दुर्गाकुंड के समीप आनंद बाग में ठहरे। यहाँ भी उन्होंने मूर्तिपूजा का बढ़-चढ़कर खंडन किया। ऐसा पहली बार हुआ था, जब काशी में किसी ने मूर्तिपूजा के खंडन का साहस किया था। उनके मूर्तिपूजा के खंडन का उपदेश सुननेवालों की भीड़ लगी रहती थी।

एक दिन स्वामी दयानंद ने एक प्रश्न लिखकर काशी के प्रमुख विद्वान् पंडित राजाराम के पास भेजा। प्रश्न पढ़ने के बाद पंडित राजाराम ने कहा कि हम दोनों के मध्य एक छुरी रख देनी चाहिए। यदि हमारी ओर से प्रश्न का उचित (सही) उत्तर दिया जाता है, तो फिर उस छुरी से हम स्वामीजी की नाक काट लेंगे। जब स्वामी दयानंद को पंडित राजाराम की ओर से यह जबाव मिला तो उन्होंने भी स्पष्ट कह दिया कि हमारे मध्य एक नहीं, बल्कि दो छुरियाँ रखी जानी चाहिए, क्योंकि यदि शास्त्रार्थ नहीं तो शस्त्रार्थ ही सही। स्वामी दयानंद की ओर से इस तरह का प्रतिवाद पाकर पंडित राजाराम असमंजस में पड़ गए। उन्होंने स्वामी दयानंद की योग्यता का पता लगाने के लिए अपने शिष्य को उनके पास भेजा। उस शिष्य ने लौटकर बताया कि स्वामी दयानंद वास्तव में उच्च कोटि के विद्वान् हैं, परंतु वे नास्तिक हैं।

जब काशी नरेश को स्वामी दयानंद के बारे में पता चला तो उन्होंने नगर के विद्वानों को स्वामी दयानंद से शास्त्रार्थ करने के लिए कहा। इस प्रकार काशी नगरी के विद्वानों तथा स्वामी दयानंद के मध्य शास्त्रार्थ आरंभ हो गया। पंडित राजाराम को छोड़कर काशी के लगभग सभी पंडित शास्त्रार्थ के दौरान उपस्थित थे, जो संख्या में 35 थे। उनके और स्वामी दयानंद के मध्य जमकर शास्त्रार्थ हुआ। स्वामी दयानंद उनकी हर बात का खंडन करते रहे, लेकिन उनमें से कोई भी उनके एक भी कथन

का खंडन न कर सका। जब काशी के पंडितों को अपनी पराजय निकट दिखाई देने लगी तो उन्होंने कोलाहल मचाना आरंभ कर दिया। यही नहीं, बल्कि वहाँ के लोगों ने अपनी धूर्तता का परिचय देते हुए उन पर ईंट-पत्थर बरसाना आरंभ कर दिया। बड़ी कठिनाई से पंडित रघुनाथ प्रसाद जो कि कोतवाल थे, ने उनके प्राण बचाए। इस तरह भारी हुड़दंग के बीच काशी का यह पहला शास्त्रार्थ समाप्त हुआ।

काशी नरेश ने अपने विद्वान् पंडितों के साथ मिलकर स्वामी दयानंद की पराजय का ढोल पीटना आरंभ कर दिया, जबकि स्थिति इसके सर्वथा विपरीत थी। 'तत्त्वबोधिनी' पत्रिका, 'हिंदू पैट्रियट' और 'क्रिश्चियन इंटैलिजेंसर' आदि पत्रिकाओं ने स्पष्ट कर दिया था कि काशी में हुए शास्त्रार्थ में स्वामी दयानंद का ही पलड़ा भारी रहा।

वर्ष 1870 में स्वामी दयानंद फर्रुखाबाद होते हुए कासगंज आ गए। यहाँ उन्होंने कुछ महाजनों की सहायता से एक संस्कृत पाठशाला की स्थापना की, जिसके लिए निम्न नियम निर्धारित किए गए—

- संध्या के समय सीखनेवाले विद्यार्थी को ही पाठशाला में प्रवेश मिलेगा। इससे उसकी बुद्धि की परीक्षा से भी परिचित हुआ जा सकेगा।
- पाठशाला में अष्टाध्यायी, महाभाष्य, मनुस्मृति और वेदों की शिक्षा दी जाएगी।
- यदि कोई विद्यार्थी सूर्योदय से पूर्व संध्या नहीं करेगा, तो उसे दिन का भोजन नहीं दिया जाएगा और उसे सायं का भोजन सायंकालीन संध्या के बाद ही मिलेगा।
- विद्यार्थियों को नगर में जाने की अनुमति नहीं होगी, लेकिन किसी के द्वारा दिए गए भोजन के निमंत्रण पर वे नगर में जा सकेंगे।
- केवल उन्हीं छात्रों को भोजन मिलेगा, जो पाठशाला में रहेंगे

हाँ, नगर के अपने घरों से आनेवालों को भोजन नहीं मिलेगा।

- परिश्रमी और बुद्धिमान् छात्रों के भोजन का विशेष प्रबंध रहेगा।

उस समय कलकत्ता ब्रिटिश भारत की राजधानी थी। 15 दिसंबर, 1872 को स्वामी दयानंद सरस्वती मूर्तिपूजा का खंडन करने के लिए कलकत्ता आए। कलकत्ता में वे सौरींद्र मोहन ठाकुर के यहाँ ठहरे। यहाँ उनके रहन-सहन का उचित प्रबंध किया गया। उनका उपदेश सुनने के लिए उनके पास लोगों की भीड़ जमा रहती। धीरे-धीरे सर्वत्र कलकत्ता में उनके वहाँ होने का समाचार फैल गया। बाबू ज्ञानेंद्रलाल ने वर्णन करते हुए लिखा—

"चारों ओर से बाल वृद्ध नरनारी उनके उपदेश सुनने और उनके दर्शन के लिए आने लगे। लोग उनकी वक्तृत्व शक्ति, तर्कशक्ति और शास्त्रबल को देखकर चकित हो जाते। धर्म जिज्ञासुओं के दल-के-दल अपने प्रश्नों के उत्तर पाकर संतुष्ट हो जाते। अंग्रेजी भाषा से अनभिज्ञ एक उत्तर भारतीय से ऐसे सार्वभौम धर्म की व्याख्या कभी नहीं सुनी थी।"

9 जनवरी, 1873 को स्वामी दयानंद में अगाध श्रद्धा रखनेवाले केशवचंद्र सेन ने अपने आवास पर उन्हें आमंत्रित किया, जहाँ स्वामी दयानंद ने एक जोरदार व्याख्यान दिया। इसके बाद वे ब्रह्म समाज के मुखिया देवेंद्रनाथ ठाकुर के यहाँ गए। यहाँ देर शाम तक उनके बीच धार्मिक पहलुओं को लेकर चर्चा होती रही।

स्वामी दयानंद ने वैदिक धर्म के प्रचार-प्रसार का जो जिम्मा लिया था, अभी तक उसमें उन्हें अपूर्व सफलता प्राप्त हुई थी। वे संपूर्ण भारत में वैदिक धर्म की पताका फहराना चाहते थे, इसीलिए वे भारत-भ्रमण पर निकले थे। 20 अक्तूबर, 1873 को वे कानपुर आए, जहाँ वे लगभग एक माह तक रहे। हालाँकि वे अपने उपदेश संस्कृत भाषा में ही देते थे, लेकिन जब कलकत्ता में केशवचंद्र सेन ने उनसे हिंदी में उपदेश देने की

बात कही, तो फिर वे हिंदी में उपदेश देने लगे। कानपुर में भी उन्होंने हिंदी में ही भाषण दिया। 20 नवंबर, 1873 को वे फर्रुखाबाद आ गए। यहाँ उनकी भेंट राज्य के लेफ्टिनेंट ग़वर्नर एवं शिक्षा विभाग के निदेशक मिस्टर म्योर से हुई। इसके बाद वे कासगंज और जलेसर से होते हुए हाथरस आ गए। हाथरस में उन्होंने कई दिनों तक उपदेश दिया। हाथरस में कुछ दिन ठहरने के बाद वे मथुरा आ गए, जो कि उनके गुरु का नगर था।

आर्यसमाज की स्थापना

स्वामी दयानंद ने महसूस किया कि वैदिक धर्म को सही दिशा व संतुलन प्रदान करने के लिए किसी संगठन की स्थापना की जाए। इसी विचार के साथ वे 26 अक्तूबर, 1874 को बंबई आ गए। यहाँ उन्होंने धर्म संबंधी एक विज्ञापन चार भाषाओं—मराठी, गुजराती, हिंदी और अंग्रेजी में प्रकाशित करवाकर बँटवाया। विज्ञापन में उल्लिखित था कि धर्म-संबंधी विचार की अभिलाषावाला व्यक्ति उनसे आकर विचार-विमर्श कर सकता है। इस विज्ञापन का लोगों के बीच आना था कि उनके पास लोगों का ताँता लग गया।

बंबई में वल्लभाचार्य के वैष्णव मत की बड़ी ख्याति थी। जब स्वामी दयानंद ने वैष्णवी आचार्यों को शास्त्रार्थ करने की चुनौती दी, तो कोई भी सामने आने की हिम्मत न कर सका। हाँ, एक वैष्णवी ब्राह्मण ने प.ग.न. नाम से, जिसका उसने खुलासा नहीं किया था, कुछ प्रश्न छपवाकर लोगों के बीच बँटवाए। जब स्वामी दयानंद को इन प्रश्नों का पता चला, तो उन्होंने भी उनके उत्तर विज्ञापन के रूप में प्रकाशित करवा दिए। यह विज्ञापन कुछ इस प्रकार था—

यह विदित हो कि जैसा स्वामीनारायण है, मैं वैसा नहीं हूँ और जिस

तरह जयपुर के गोस्वामी ने हार मानी, मैं वैसा भी नहीं हूँ। बंबई निवासी, हरि के चरण अभिलाषी प.ग.न. नामक गुप्त पुरुष के संवत् 1931 कार्तिक शुक्ल 14 शुक्रवार को ज्ञानदीप यंत्रालय से प्रकाशित कराए गए प्रश्नों के उत्तर निम्न प्रकार हैं—

- मैं प्रत्यक्षादि प्रमाणों को स्वीकार करता हूँ।
- मैं चारों वेदों को प्रमाण मानता हूँ।
- परिशिष्ट को छोड़कर में चार संहिताओं को प्रमाण मानता हूँ। ब्राह्मण आदि को मैं मत की रीति से नहीं मानता। उनके कर्ता जो ऋषि हैं, उनकी वेद विषयक सम्मति जानने के लिए विचार करता हूँ कि उन्होंने कैसा अर्थ किया है और उनका सिद्धांत क्या है।
- इसे तृतीय में समझ लेना।
- शिक्षादि वेदांगों के कर्ता जो मुनि हैं, उनकी वेद के विषय में कैसी सम्मति है। यह देखकर पढ़ता हूँ, उन्हें मत मानकर स्वीकार नहीं करता।
- वेद-वेदांग संबंधी भाष्य और उनके जो आर्ष व्याख्यान हैं, मैं उन्हें मत मानकर स्वीकार नहीं करता। हाँ, परीक्षा के लिए अर्थात् वे ठीक से रचे गए या नहीं, मैं देखता हूँ। वह मेरा मत नहीं है।
- जैमिनीकृत पूर्व मीमांसा, व्यासप्रणीत उत्तर-मीमांसा, उन्हें भी मत मानकर मैं संग्रह नहीं करता। हाँ, उनके मत की परीक्षा के लिए ही देखता हूँ।
- पुराण और तंत्र ग्रंथ के अवलोकन और अर्थों में मेरी कोई श्रद्धा नहीं है।
- महाभारत और वाल्मीकि रचित रामायण का कोई प्रमाण नहीं है, क्योंकि लोक में अनेक प्रकार के व्यवहार हैं। उनके हल को जानना ही उनका आशय है, क्योंकि वे परलोक सिधार गए हैं।
- याज्ञवावल्क्य और मिताक्षरा आदि को तो मैं प्रमाण ही नहीं मानता।

- विष्णु स्वामी आदि जो संप्रदाय हैं, उन्हें लेशमात्र भी मैं प्रमाण नहीं मानता। हाँ, उनका खंडन करता हूँ, क्योंकि वे सब संप्रदाय वेद-विरुद्ध हैं।
- मैं स्वतंत्र नहीं हूँ। मैं वेदानुयायी हूँ और ऐसा समझना चाहिए कि जड़ आदि षट्पदार्थों का जैसे वेद में कथन आता है, वैसा मानता हूँ।
- जगत् उत्पत्ति जैसे वेद में वर्णित है और जिसने की है, उसको उसी प्रकार मानता हूँ।
- जिस समय से सृष्टि की उत्पत्ति हुई है, उस काल तक कोई संख्या नहीं है। यह जानना चाहिए।
- वेदोक्त यज्ञादि कर्म यथाशक्ति करने चाहिए।
- वेदोक्त रीति माननी चाहिए, अन्य नहीं।
- शाखाओं में प्रतिपादित कर्म वेदानुकूल हों तो प्रमाण हैं और यदि विरुद्ध हों तो अप्रमाण हैं।
- ईश्वर का जन्म-मरण नहीं होता। जिसका जन्म-मरण होता है, वह ईश्वर ही नहीं है।
- मैं संन्यासाश्रम में हूँ।
- 'सद्धर्म विचार' नामक पुस्तक जिस यंत्रालय में छपवाई गई है, उसका मत उसमें है। मेरा उसमें कोई आग्रह नहीं।

इस विज्ञापन के बाद स्वामी दयानंद ने एक अन्य विज्ञापन छपवाया, जिसमें उल्लिखित था कि जो भी व्यक्ति उनसे शास्त्रार्थ करने का अभिलाषी है, वह अपना पूरा नाम, अपना मत और संप्रदाय हमें बता दे। इस तरह छिपकर प्रश्न करना उचित नहीं।

कुछ समय बाद स्वामी दयानंद अहमदाबाद आ गए। यहाँ उनका लगभग दो सौ पंडितों से शास्त्रार्थ हुआ। लगभग पाँच-छह घंटों तक चलनेवाले इस शास्त्रार्थ में स्वामी दयानंद को विजयश्री प्राप्त हुई। इसके बाद 29 जनवरी, 1875 को वे फिर बंबई आ गए। लंबे विचार-मंथन

के बाद 10 अप्रैल, 1875 को विधिवत् आर्यसमाज की स्थापना की गई। इसी दौरान आर्यसमाज के 28 नियम भी निर्धारित किए गए, जिनका वर्ण निम्न प्रकार है—

- आर्यसमाज सभी मनुष्यों के हितार्थ होना चाहिए।
- आर्यसमाज में मुख्य प्रमाण वेदों को ही माना जाएगा। साक्षी के लिए, वेदों के ज्ञान के लिए और इसी प्रकार आर्य इतिहास के लिए, शतपथ ब्राह्मण आदि 4, वेदांग 6, उपवेद 4, दर्शन 6 और 1127 वेदों के व्याख्यान, वेदों के आर्ष सनातन संस्कृत ग्रंथों का भी वेदानुकूल होने से गौण प्रमाण माना जाएगा।
- इस समाज में प्रति देश के मध्य एक प्रधान समाज होगा और दूसरी शाखा अन्य शाखा होगी।
- प्रधान समाज के अनुकूल सब समाजों की व्यवस्था रहेगी।
- प्रधान समाज के अनुकूल संस्कृत और आर्य भाषा में नाना प्रकार के सदुपदेश के लिए पुस्तकें होंगी और एक आर्य प्रकाश पत्र यथाशक्ति साप्ताहिक निकलेगा। ये सब समाज में प्रवृत्त किए जाएँगे।
- प्रत्येक समाज में एक प्रधान पुरुष, द्वितीय मंत्री और अन्य पुरुष तथा स्त्रियाँ सभी सभासद होंगे।
- प्रधान पुरुष समाज की यथावत् व्यवस्था का पालन करेगा और मंत्री सबके पत्रों का उत्तर तथा सबके नाम व्यवस्था से लिखा करेगा।
- इस समाज में सतपुरुष, सत्य नित्याचारी, सत्य आचरणी और सर्व हितकारक समाजस्थ किए जाएँगे।
- जैसे ही व्यक्ति को गृहस्थ से अवकाश मिले और जैसा वह घर के कार्यों में पुरुषार्थ करता है, उससे अधिक पुरुषार्थ इस समाज की उन्नति के लिए करे और विरक्त तो नित्य ही इस समाज की उन्नति करें।

- हर आठवें दिन प्रधानमंत्री और सभी सभासद आर्यसमाज मंदिर में एकत्र हों और सभी कार्यों से इस कार्य को मुख्य स्वीकार करें।
- एकत्र होकर और सर्वदा स्थिर चित्त होकर तथा परस्पर पक्षपात छोड़कर प्रश्नोत्तर करें। फिर सामवेद गायन कर परमेश्वर, सद्धर्म, सत्यनीति और सदुपदेश का बाजा आदि के साथ गायन करें।
- हर एक सभासद न्यायपूर्वक पुरुषार्थ से जितना धन प्राप्त करे, उसमें से आर्यसमाज, आर्य विद्यालय और आर्य प्रकाश-पत्र के प्रचार और इनकी उन्नति के लिए आर्यसमाज धन कोष में एक सौ पीछे एक प्रति दे। अधिक देने से धर्मफल है। इस धन का उक्त विषयों में व्यय हो।
- जो मनुष्य उक्त कार्यों की उन्नति और प्रचार के लिए जितना प्रयत्न करे, उसका यथायोग्य सत्कार होना चाहिए।
- इस समाज में वेदोक्त रीति से एक अद्वितीय परमेश्वर की ही स्तुति, प्रार्थना और उपासना की जाएगी अर्थात् सर्वशक्तिमान्, निराकार, न्यायकारी, अजन्मा, अनंत, निर्विकार, अनादि, अनुपम, दयालु, सर्वजगत् माता, सर्वाधार, सर्वेश्वर, सच्चिदानंदादि लक्षणयुक्त, सर्वव्यापक सर्वांतर्याम्, अजर-अमर, नित्य, शुद्ध-बुद्ध मुक्त स्वभाव, अनंत-सुखप्रद, धर्मार्थ-काम-मोक्षप्रद इत्यादि विशेषणों से परमात्मा की ही स्तुति, उसी के गुण-कीर्तन, उसी की प्रार्थना, उसी से सब श्रेष्ठ कार्यों में सहायता चाहना, उसके आनंद स्वरूप में मग्न हो जाना और पूर्वोक्त निराकारादि लक्षणवाले की ही भक्ति करना। उसके सिवा किसी और की भक्ति न करना।
- इस समाज में नैमित्तिक आदि अंत्येष्टिपर्यंत संस्कार वेदों से ही किए जाएँगे।
- आर्य विद्यालयों में वेदादि सनातन आर्ष ग्रंथों का पठन-पाठन

कराया जाएगा और वेदोक्त रीति से ही सत्य शिक्षा सभी स्त्री-पुरुषों को दी जाएगी।

- इस समाज में स्वदेशादिक हितार्थ दो प्रकार की शुद्धि के प्रयत्न किए जाएँगे—एक परमार्थ और द्वितीय, लोक-व्यवहार।
- इस समाज में न्याय, पक्षपात रहित न्याय अर्थात् प्रत्यादि प्रमाणों से यथावत् परीक्षित सद्धर्म वेदोक्त ही माना जाएगा। इससे विरुद्ध को यथाशक्ति न माना जाएगा।
- इस समाज की ओर से श्रेष्ठ लोग पवित्रोपदेश के लिए भेजे जाएँगे।
- स्त्री और पुरुष, इन दोनों के विद्याभ्यास के लिए भिन्न-भिन्न आर्य विद्यालय यथाशक्ति हर नगर में खोले जाएँगे। स्त्रियों के लिए अध्यापिका स्त्रियाँ होंगी। सेवा का प्रबंध भी स्त्रियों द्वारा ही किया जाएगा और पुरुष-पाठशालाओं का पुरुषों द्वारा प्रबंध कराया जाएगा, इससे विपरीत नहीं।
- उन पाठशालाओं की व्यवस्था प्रधान आर्यसमाज के अनुकूल ही की जाएगी।
- इस समाज में प्रधानादि सभासद परस्पर प्रीति के लिए अभिमान, हठ, दुराग्रह और क्रोधादि सब दुर्गुण छोड़कर उपकार सहृदयता से सबको निर्वैर होकर स्वात्मवत् समप्रीति करनी होगी।
- जो सत्य बात भली प्रकार विचार से ठहरे, उसी को सब सभासदों में प्रकट कर वही सत्य बात स्वीकार की जाए, इसके विपरीत न स्वीकार की जाए। इसी का नाम पक्षपात छोड़ना है।
- जो मनुष्य इन नियमों के अनुकूल आचरण करनेवाला धर्मात्मा सतोगुणी हो, उसे उत्तम समाज में प्रवेश देना, अन्य सज्जनों को साधारण समाज में रखना और अत्यंत प्रत्यक्ष दुष्ट को समाज से निकाल देना होगा। पक्षपात से यह काम न किया जाए, बल्कि ये

दोनों बातें श्रेष्ठ सभासदों के विचार से ही की जाएँ और किसी भी प्रकार से नहीं।

- आर्यसमाज, आर्य विद्यालय, आर्य प्रकाश-पत्र और आर्य समाजार्थ धनकोष, इन चारों की रक्षा और उन्नति प्रधान आदि सब सभासद तन-मन-धन से यथावत् सिद्ध करें।
- जब तक करने और करानेवाला आर्य सभासद मिले, तब तक और की नौकरी न करे तथा न कराए। ये दोनों परस्पर स्वामी-सेवक भाव से यथावत् बरतें।
- जब विवाह, पुत्रजन्म, महालाभ या मृत्यु तथा अन्य समय कोई दान का हो तो आर्यसमाज के लिए धन आदि दान किया करें। ऐसा धर्मकार्य और कोई नहीं है, इसे जानकर यह कभी न भूलें।
- इन नियमों के अलावा और कोई नया नियम न तो लिखा जाएगा और न ही निकाला जाएगा या न्यूनाधिक किया जाएगा। वह सब श्रेष्ठ सभासदों के विचार, सब श्रेष्ठ सभासदों को सूचित करके ही यथायोग्य करना होगा।

इस तरह उक्त नियमों के स्थापन के साथ आर्यसमाज अस्तित्व में आया। कुछ दिनों के बाद स्वामी दयानंद अहमदाबाद चले आए।

24 मार्च, 1876 को स्वामी दयानंद और बंगाल के निवासी पंडित रामलाल शास्त्री के बीच शास्त्रार्थ हुआ, लेकिन मूर्तिपूजा की वैदिकता सिद्ध नहीं करने के कारण पंडित रामलाल शास्त्री को शास्त्रार्थ में हार झेलनी पड़ी।

3 मार्च, 1877 को स्वामी दयानंद लुधियाना आ गए। यहाँ उनके रहन-सहन की व्यवस्था मुंशी कन्हैयालाल अलखधारी ने की। वे लुधियाना में लगभग तीन हफ्तों तक रहे। इस दौरान उन्होंने मूर्तिपूजा के खंडन संबंधी व्याख्यान दिए। इसके बाद वे लाहौर आ गए। यहाँ 25

अप्रैल, 1877 को उन्होंने 'वेद और वेदोक्त धर्म' नामक विषय पर व्याख्यान दिया। उनके इस व्याख्यान को सुनने के लिए बड़ी संख्या में लोग आए। उनके व्याख्यान का विवरण 'कोहेनूर' नामक पत्र में प्रकाशित हुआ। इस पत्र ने अपने 2 मई, 1877 के अंक में लिखा—

"एक सप्ताह से अधिक हुआ; यहाँ स्वामी दयानंद सरस्वती पधारे हुए हैं। ये साधु के वेश में उपदेश देते भ्रमण करते फिरते हैं। इन्हें चारों वेदों का भलीभाँति ज्ञान है। स्वामीजी के कुछ व्याख्यान हमने भी सुने हैं, आज इनके समान भारत में वेदों को जाननेवाला अन्य कोई नहीं है। स्वामीजी की वेद-व्याख्या प्रचलित वेद-व्याख्याओं से भिन्न है। वे उन्हीं को ब्राह्मण मानते हैं, जो ब्राह्मणोचित कर्म करते हैं। वे छुआछूत को वेद-विरुद्ध बताते हैं। वे विधवा-विवाह का समर्थन करते हैं, लेकिन साथ ही बाल-विवाह के विरोधी भी हैं। अपने प्रगतिशील विचारों के कारण अनेक ब्राह्मण उनके शत्रु हो गए हैं, लेकिन वे किसी का भय नहीं मानते। जो लोग इस देश के चिंतक हैं और तन-मन से इसकी उन्नति चाहते हैं, उन्हें स्वामीजी की सहायता करनी चाहिए।"

इसके बाद उन्होंने अनारकली बाजार स्थित ब्रह्मसमाज में कुछ और व्याख्यान दिए। इस दौरान उन्होंने वेदों के माध्यम से ईश्वर के होने की बात को प्रकट करने के साथ-साथ जीवात्मा के आवागमन को भी सिद्ध किया। यहाँ (लाहौर) आए हुए उन्हें थोड़ा ही समय हुआ था कि चारों ओर उनकी ख्याति फैल गई। उनके व्याख्यानों ने वहाँ की जनता को मंत्रमुग्ध कर दिया था। उनके सदुपदेशों के कारण लोगों ने मूर्तिपूजा से कन्नी काटनी शुरू कर दी। अधिकांश लोगों ने मूर्तियों को गठरी में बाँधकर एक ओर रख दिया था, जबकि कुछ लोगों ने मूर्तियों को नदी की जलधारा में प्रवाहित कर दिया था। कुछ लोग ऐसे भी थे, जिन्होंने बिना किसी भय के मूर्तियों का सरेआम तिरस्कार कर दिया था। इस घटना से लाहौर में ही नहीं, बल्कि पूरे पंजाब में कोहराम मच गया था।

लोगों को आर्यधर्म की ओर बढ़ते देख स्वामी दयानंद को यहाँ भी आर्यसमाज की स्थापना की आवश्यकता महसूस हुई। इस तरह 24 जून, 1875 को लाहौर में आर्यसमाज की स्थापना, तत्पश्चात् यहाँ एक संस्कृत पाठशाला की स्थापना की गई। यहाँ वे लगभग तीन महीने तक धर्मोपदेश देते रहे।

लाहौर में आर्यसमाज की स्थापना करने के बाद स्वामी दयानंद ने अमृतसर का रुख किया। कुछ समय यहाँ धर्म-प्रचार के बाद 12 अगस्त, 1877 को उन्होंने आर्यसमाज की स्थापना की। स्थापना के समय लगभग 50 लोगों ने आर्यसमाज की सदस्यता ग्रहण की। बाबू कन्हैयालाल वकील को इसका प्रधान बनाया गया। इसके बाद स्वामी दयानंद ने वहाँ से अन्यत्र प्रस्थान किया।

18 मई, 1878 को एक बार फिर स्वामी दयानंद का अमृतसर में आगमन हुआ। कुछ पंडितों ने उनके उपदेश पर आपत्ति प्रकट की। इस पर स्वामी दयानंद ने एक विज्ञापन जारी करते हुए कहा कि यदि आप पंडितों को मेरी बातें वेद-विरुद्ध प्रतीत होती हैं, तो फिर आप लोग मुझसे शास्त्रार्थ करें। अत: दोनों पक्षों की सहमति के बाद निश्चित हुआ कि शास्त्रार्थ सरदार भगवान सिंह की अश्वशाला में होगा। लगभग 5 हजार से भी अधिक लोग यह शास्त्रार्थ सुनने के लिए आए, लेकिन जिन पंडितों के साथ शास्त्रार्थ होना था, वे अभी तक नहीं आए थे। काफी देर तक प्रतीक्षा कराने के बाद पंडितों का शास्त्रार्थ स्थल पर आगमन हुआ। अभी शास्त्रार्थ के नियम ही जारी किए गए थे कि कुछ हुड़दंगी किस्म के लोगों ने शोर-शराबा करना शुरू कर दिया। ईंट-पत्थरों की बौछार शुरू हो गई। कई लोगों को गंभीर चोटें आईं। स्वामी दयानंद बच गए, क्योंकि वे लोगों से घिरे हुए थे। अत: बिना किसी निर्णय के शास्त्रार्थ समाप्त हुआ।

इसके बाद उन्हें ईसाई धर्म प्रचारकों की ओर से संदेश मिला कि

वे स्वामी दयानंद से शास्त्रार्थ करने के इच्छुक हैं। इसके लिए पादरियों ने पादरी खड्गसिंह को स्वामी दयानंद से शास्त्रार्थ करने के लिए बुलाया, लेकिन जब खड्गसिंह उनके सामने आए तो उनके शिष्य ही बन गए और उनके साथ शास्त्रार्थ करने के बजाय उनके ही पक्ष में बोलने लगे। अपना पासा पलटते देख पादरियों ने कलकत्ता से पादरी के.एम. बनर्जी को अमृतसर आने के लिए तार भेजा, लेकिन बनर्जी साहब ने वहाँ आने से स्पष्ट मना कर दिया। इस तरह कोई भी पादरी उनसे शास्त्रार्थ करने की हिम्मत न जुटा सका, जिससे आर्यसमाजियों के मनोबल में और वृद्धि हुई। अमृतसर से जाने से पहले उन्होंने 26 जून, 1878 को गुजराँवाला आर्यसमाज को एक पत्र लिखा—

"मंत्री और सभासद, आनंदित रहो। विदित हो कि अब हम 11 जुलाई, 1878 को बृहस्पतिवार को यहाँ से पूर्व की ओर प्रस्थान करेंगे। हो सकता है कि दो-चार दिन के लिए अंबाला ठहर जाएँ। अब हमारा और आपका संपर्क पत्रों के माध्यम से ही हो सकेगा। अत: आप सदैव पत्र भेजते रहें और हम भी भेजा करेंगे। हमारा यह निवेदन है कि प्रतिदिन समाज की उन्नति करते रहना, क्योंकि यह बड़ा काम आप लोगों ने उठा लिया है। इसे परिणामपर्यंत पहुँचाने में ही सुख और लाभ है।

"यहाँ का समाज प्रतिदिन उन्नति पर है। यहाँ के पंडितों ने शास्त्रार्थ के लिए सम्मति दी थी, परंतु वे सभा में कुछ नहीं बोले और न उन्होंने उत्तर दिया। केवल मुँह दिखाकर चले गए और यहाँ तक कि उन मनुष्यों ने जो पोप की ओर थे, हाकिम से आर्यसमाज की चुगली खाई थी, जिसका परिणाम सत्य के प्रताप से यह हुआ कि अब कोई भी आर्यसमाज की ओर आँख उठाकर नहीं देखता। सभी सभासदों को नमस्ते।"

स्वामी दयानंद ने बाद में पंजाब के अन्य नगरों में भी आर्यसमाज का प्रचार किया और लोगों को वैदिक धर्म की शिक्षा व उपदेश दिए।

उत्तर प्रदेश में धर्म-प्रचार

कुछ छिटपुट घटनाओं को छोड़कर पंजाब दौरा स्वामी दयानंद के लिए ठीक ही रहा। पंजाब के विभिन्न नगरों में उन्होंने आर्यसमाज की स्थापना कर आर्यधर्म को ऊँचा उठाने का सार्थक प्रयास किया। उनके विचारों में इतनी ओजस्विता होती थी कि लोग मंत्रमुग्ध हुए बिना नहीं रहते थे। वे जहाँ भी जाते, उनके विचारों एवं उपदेशों को सुनने के लिए लोगों का विशाल समूह उमड़ पड़ता था। वे अपने गुरु का आदेश पाकर जिस आर्यधर्म की पताका संपूर्ण भारत में फहराने के लिए निकले थे, उसमें उन्हें अपेक्षित सफलता मिली थी।

जब स्वामी दयानंद पंजाब से प्रस्थान करने की तैयारी में थे, उस समय उन्हें रुड़की के पंडित उमराव सिंह का पत्र मिला। इस पत्र में उन्होंने स्वामी दयानंद से रुड़की आने का निवेदन किया था। अत: 25 जुलाई, 1878 को वे रुड़की पहुँच गए। लाला शंभुनाथ के निवास पर उनके ठहरने की व्यवस्था की गई। यहाँ वे लगभग दो सप्ताह तक ठहरे। इसी बीच उन्होंने लोगों को वैदिक धर्म का उपदेश दिया।

एक दिन वे उपदेश दे रहे थे। उनका उपदेश सुनने के लिए ब्रिटिश सेना के एक उच्च अधिकारी कर्नल मार्शल और कैप्टन स्टुअर्ट भी आए हुए थे। जब स्वामी दयानंद ने बाइबिल के कुछ प्रसंगों पर संदेह प्रकट किया तो वे बगलें झाँकने लगे। उन्होंने स्वामी दयानंद से कुछ प्रश्न किए तो स्वामी दयानंद ने बड़ी कुशलता से उनके प्रश्नों के उत्तर दिए।

20 अगस्त, 1878 को रुड़की में आर्यसमाज की स्थापना हो गई। मास्टर शंकरलाल को इसका प्रधान, पंडित उमराव सिंह को मंत्री और मास्टर रंगीलाल को कोषाध्यक्ष नियुक्त किया गया। यहाँ से स्वामी दयानंद अलीगढ़ आ गए, जहाँ वे चार दिनों तक उपदेश देते रहे। इसके बाद वे यहाँ से मेरठ की ओर प्रस्थान कर गए। मेरठ में वे लाला दामोदर दास के निवास पर ठहरे। यहाँ उन्होंने लोगों को आर्यधर्म संबंधी

व्याख्यान दिए। मेरठ में उनका कोई शास्त्रार्थ नहीं हुआ।

27 फरवरी, 1879 को वे धर्मनगरी हरिद्वार आ गए। यहाँ उनके रहन-सहन की व्यवस्था मूला मिस्त्री के खेत में की गई। उनके चारों ओर लोगों का जमघट लग गया। उन्होंने लोगों को संबोधित करते हुए कहा, ''यह बड़े आश्चर्य की बात है कि पृथ्वी, जल, अग्नि, वायु, आकाश, सूर्य, चंद्र, वर्षा और ऋतु, मास, पक्ष, दिन, रात्रि, प्रहर, मुहूर्त, घड़ी, पल, आँख, नाक आदि शरीर, औषधि, वनस्पति, खान-पान आदि व्यवहार ज्यों-के-त्यों हैं अर्थात् जैसे ब्रह्मा के समय से लेकर जैमिनी मुनि के समय तक इस देश में थे, फिर हम आर्यों की दशा क्यों पलट गई है ?

''मनुष्यो ! आप अत्यंत विचारपूर्वक देखो कि जिसका फल दुख हो, वह धर्म और जिसका फल सुख हो, वह अधर्म कभी हो सकता है ? अपनी दशा अन्यथा होने का यही कारण है, जो ऊपर लिख आए हैं अर्थात् वेद-विरुद्ध चलना या फिर उस प्राचीन अवस्था की प्राप्ति करानेवाले वेदानुकूल आचार पर चलना है। वह आचार यह है, जैसे आर्यावर्त निवासी आर्य, आर्यसमाजों के सभासद करना या कराना चाहते हैं कि संस्कृत विद्या के जाननेवाले स्वदेशीय मनुष्यों की वृद्धि के अभिलाषी परोपकारक निष्कपट होकर सबको सत्य विद्या देने के इच्छुक धार्मिक विद्वानों की उपदेशक मंडली और वेदादि शास्त्रों को पढ़ने के लिए पाठशालाएँ नियत करना चाहते हैं। इसमें जिस किसी की योग्यता हो, वह अभिप्राय को सिद्ध कर इस परोपकारी महोत्तम कार्य में प्रवृत्त हो, जिससे मनुष्य मात्र की शीघ्र उन्नति हो सकती है। ''

स्वामी दयानंद ने इस पौराणिक नगरी में वैदिक धर्म की ध्वजा फहराई और लोगों को व्याख्यान दिए। यहाँ भी उनके सम्मुख कोई भी शास्त्रार्थ के लिए प्रस्तुत नहीं हुआ, लेकिन पंडित श्रद्धाराम फिल्लौरी ने एक सभा आयोजित की और उनकी ओर से स्वामी दयानंद के लिए एक पत्र भेजा गया, जिसमें लिखा था—

''साधु वर्ग तथा पंडितजन और सभासदों की यह प्रार्थना है कि तीन-चार दिन से नित्य चार बजे से छह बजे तक धर्म विषयक सद्सत् विचार होता है और यह भी ज्ञात हो कि जूना अखाड़ा माया देवी के समीप अलीगढ़ सद्धर्मावलंबी सभा प्रारंभ हुई, तब से इस सभा ने आपके पास पत्र भेजे। अब यह पत्र भेजते हैं कि यदि इस सभा में आकर आप भी कुछ वक्तृता करें तो इसमें हमें दो फल दिखाई देते हैं। प्रथम तो यह कि अभी तक आप एकांत में बैठकर वेदशास्त्र की व्याख्या देते रहे हैं। विद्वानों के सम्मुख वक्तृता करने में सबको यह ठीक-ठीक निश्चय हो जाएगा कि आपका कथन वेद व शास्त्र के अनुसार है या नहीं। दूसरा यह कि यदि आपका कहना वेद व शास्त्र के अनुसार निकला तो हम सब आपके मत प्रतिपादन में उद्यत हो जाएँगे और इस एक भाव से आर्यावर्त को बड़ा भारी लाभ होगा। आप कृपा करके सभा में अवश्य आएँ। यदि किसी कारणवश न आना हो सके तो फिर वह कारण अवश्य लिखिएगा।''

जब स्वामी दयानंद को यह पत्र मिला तो उन्होंने इसके उत्तरोत्तर में एक पत्र लिख भेजा—

''मुझे शास्त्रार्थ करने में किसी भी समय इनकार नहीं है, परंतु शास्त्रार्थ इस रीति से होना चाहिए कि इसका प्रबंधकर्ता कोई राजपुरुष हो। इस शास्त्रार्थ में पंडितों के सिवा कोई अनपढ़ न हो। शास्त्रार्थ का स्थान ऐसा हो, जो न तो मेरा गिना जाए और न ही आपका। अब जहाँ सभा हुई है, वहाँ आना मेरे लिए भयावह है। यद्यपि मुझे इसमें कोई शोक नहीं कि मेरा शरीर पात हो जाए, परंतु इस बात का शोक है कि मैं जिस परोपकार के लिए इस शरीर को धारण किए हुए हूँ, वह कार्य न हो सकेगा। अत: मैं वहाँ आना उचित नहीं समझता।''

स्वामी दयानंद यह भलीभाँति जानते थे कि पौराणिक मतानुयायी उनकी जान के सौदागर बने हुए थे। फिर भी वे शास्त्रार्थ के लिए तैयार

थे, लेकिन उन्होंने यह शर्त रखी थी कि इस शास्त्रार्थ की मध्यस्थता स्वामी विशुद्धानंद करेंगे। अंततः यह शास्त्रार्थ संभव न हो सका। अतः 11 अप्रैल, 1879 को वे देहरादून आ गए।

कार्य की अधिकता एवं प्रतिकूल जलवायु के कारण स्वामी दयानंद को अतिसार हो गया था। वे यह सोचकर देहरादून आए थे कि यहाँ उन्हें थोड़ा-बहुत तो आराम मिलेगा ही, लेकिन कार्य की अधिकता यहाँ भी बरकरार रही। सुबह से लेकर शाम तक लगातार व्याख्यानों का सिलसिला चलता रहा। कभी-कभी तो ऐसा होता था कि वे देर रात तक उपदेश देते रहते थे।

30 अप्रैल, 1879 को वे देहरादून से चलकर सहारनपुर, मेरठ और जलेसर से होते हुए 3 जुलाई, 1879 को मुरादाबाद आ गए। मुरादाबाद में वे राजा जयकृष्ण दास के निवास पर ठहरे। कार्याधिकता के कारण उनका शरीर दुर्बल हो गया था। यही कारण था कि वे यहाँ लगभग एक महीना रुकने के बाद भी केवल तीन ही व्याख्यान दे पाए। तत्पश्चात् वे 30 जुलाई को बदायूँ आ गए। बदायूँ में उन्होंने ईश्वर के निराकार होने संबंधी व्याख्यान दिए। उन्होंने रक्षाबंधन के अवसर पर सड़कों पर घूमते ब्राह्मणों को देखा, जो बगल में थैला लिये रहते थे। उन्हें भिक्षावृत्ति से गहरी चिढ़ थी। उन्होंने इस वृत्ति पर खेद प्रकट करते हुए कहा कि अविद्या के कारण ही ब्राह्मण वंश की यह दुर्दशा हो गई है। उन्होंने ब्राह्मणों पर बरसते हुए कहा कि यह त्योहार विद्यार्थियों की रक्षा व सत्कार के लिए बनाया गया था, लेकिन आज ये ब्राह्मण हैं कि सूत बाँधे फिरते हैं।

विभिन्न क्षेत्रों का दौरा करते हुए स्वामी दयानंद काशी आ गए। काशी में उनका आगमन 18 नवंबर, 1879 को हुआ था। काशी में वे लगभग छह महीने तक ठहरे। इस अवधि के दौरान उन्होंने यहाँ वैदिक यंत्रालय स्थापित किया। उन्होंने कई बार काशी में पंडितों को शास्त्रार्थ

के लिए ललकारा, लेकिन कोई भी उनके सामने नहीं आया। इसी बीच एक विचित्र घटना घटी। युगलकिशोर नामक व्यक्ति ने कुछ परचे छपवाकर बाँटे, जिनमें लिखा था कि हम जब स्वामी दयानंद के पास गए तो उन्हें वेद-विरुद्ध और शिष्टाचार के प्रतिकूल बातें करते सुना। इस पर हमने काशी की ब्रह्मामृतवर्षिणी सभा से इन विषयों की चर्चा कर संदेह निवृत्त करने की प्रार्थना की। जब उक्त सभा ने हमारी शंकाओं को दूर कर दिया तो हमने पंडित युगलकिशोर से स्वामी दयानंद के वार्त्तालाप रूपी पाप का प्रायश्चित्त और देवदर्शन कर स्वयं को शुद्ध किया आदि। जब यह विज्ञापन लोगों के बीच आया तो शीघ्र ही इसकी पोल खुल गई और 'आर्य दर्पण' में लिखा गया—

"बाबू नारायण, सिंह सभासद आर्यसमाज, बनारस ने पंडित युगलकिशोर से पूछा कि वे प्रायश्चित्त करनेवाले लोग कहाँ है ? इस पर उक्त पंडितजी ने कहा कि वे उन्हें ब्रह्मामृतवर्षिणी सभा की अगली बैठक में लेकर आएँगे। वस्तुतः यह विज्ञापन तो चार मनुष्यों के कल्पित नामों से प्रकाशित किया गया था। अब वे उन चार लोगों को कहाँ से लाते ? इस पूछताछ से वे घबराए और इधर-उधर के लड़कों को पटाया कि हम जैसा कहें, वैसा ही कह देना। इस षड्यंत्र में भला उनका साथ कौन देता ? जब कोई नहीं मिला तो जैसे-तैसे एक व्यक्ति को सिखा-पढ़ाकर अगली सभा में लाए। जब उसका नाम पूछा गया तो उसने रामकृष्ण दुबे बताया। जब उससे पूछा गया कि क्या तुम स्वामी दयानंद के समीप गए थे, तो उसने इनकार कर दिया। जब यह सब प्रत्यक्ष हुआ तो उक्त पंडितजी की पोल खुल गई। इस पर लोगों ने उन्हें झूठा विज्ञापन छपवाने के लिए आड़े हाथों लिया, तो वे घबरा गए और ऊटपटाँग बकने लगे, यहाँ तक कह गए कि जिसने दयानंद का मुख भी देख लिया, वह सच्चा हिंदू नहीं है। इस बात को सुनकर बाबू नारायण सिंह ने कहा कि 1926 विक्रमी संवत् के काशी के शास्त्रार्थ में तो काशी नरेश के अतिरिक्त

स्वामी विशुद्धानंद, पंडित बालशास्त्री आदि पंडित भी थे। क्या स्वामीजी का मुख देखने से ये सभी वर्ण-संकर हो गए। इस पर सभा ने युगलकिशोर को भला-बुरा कहा और उन्हें सभा से निकाल दिया। इस बहिष्कार से युगलकिशोर ने और अधिक उपद्रव मचाया, लेकिन बात बढ़ी नहीं।''

वर्ष 1880 के आरंभिक दिनों में स्वामी दयानंद ने बनारस में आर्यसमाज की स्थापना की। इसके बाद वे 5 मई, 1880 को लखनऊ आ गए।

राजस्थान दौरे पर

उत्तर प्रदेश का दौरा धर्मोपदेश की दृष्टि से स्वामी दयानंद के लिए कुल मिलाकर ठीक रहा। अनेक शहरों में आर्यसमाज की स्थापना के बाद उन्होंने अनेक व्याख्यान भी दिए। जैसे ही लोगों को उनके शहर में आगमन की बात पता चलती थी, तो वे उनका उपदेश सुनने के लिए अपना काम-काज छोड़कर उनकी ओर दौड़ पड़ते थे। यहाँ से वे राजस्थान की ओर निकल पड़े।

10 मार्च, 1881 को स्वामी दयानंद भरतपुर आ गए और यहाँ वे लगभग दो हफ्तों से भी अधिक रहे। फिर 28 मार्च को वे जयपुर आ गए। यहाँ वे लगभग एक महीने तक उपदेश देते रहे। इस अवधि के दौरान यहाँ आर्यसमाज की स्थापना की गई। इसके बाद वे 5 मई को अजमेर आ गए। अजमेर में भी वे लगभग एक महीना रहकर व्याख्यान करते रहे। यहाँ उन्होंने शास्त्रार्थ भी किए और विजयश्री प्राप्त की।

23 जून, 1881 को स्वामी दयानंद मसूदा आ गए, जहाँ वे राव बहादुर सिंह के यहाँ ठहरे और लगभग डेढ़ महीने तक यहाँ रहकर लोगों को धर्मोपदेश देते रहे। उन्हीं की देख-रेख में यहाँ दो यज्ञ भी संपन्न हुए। एक यज्ञ, जिसमें स्वयं राव बहादुर सिंह यजमान बने थे, उस अवसर पर

अनेक लोगों ने यज्ञोपवीत धारण किए। उनका जैन साधु सिद्धकरण से शास्त्रार्थ भी हुआ, जिसे देखने के लिए लोग बड़ी संख्या में आए थे। अंततः स्वामी दयानंद विजयी हुए और उस अवसर पर 35 जैन धर्मावलंबियों ने जैन मत का परित्याग कर वैदिक धर्म स्वीकार किया।

मसूदा में वैदिक धर्म की पताका फहराने के बाद स्वामी दयानंद रायपुर आ गए। यहाँ उन्होंने लोगों को 20 से भी अधिक दिनों तक उपदेश दिए। रायपुर से चलकर ब्यावर होते हुए वे 6 अक्तूबर को बनेड़ा आ गए। बनेड़ा में लोगों को वैदिक धर्म में रुचि लेते देख उन्हें बड़ी प्रसन्नता हुई। यहाँ उनका पूर्ण श्रद्धा-भक्ति के साथ आदर-सत्कार किया गया। उन्होंने लोगों को 20 दिनों तक व्याख्यान दिए। फिर वे यहाँ से चलकर 27 अक्तूबर को चित्तौड़ आ गए। कविराज श्यामलदास ने उनका स्वागत किया। चित्तौड़ में कई दिनों तक धर्मोपदेश करने के बाद वे शाहपुरा आ गए।

जब स्वामी दयानंद शाहपुरा में थे, उसी समय जोधपुर नरेश के अनुज महाराज प्रताप सिंह का पत्र मिला। इस पत्र में उन्होंने स्वामी दयानंद से जोधपुर आने की बात कही थी। स्वामी दयानंद ने उनका निमंत्रण स्वीकार कर लिया और वे अजमेर से होते हुए जोधपुर आ गए। यहाँ उनका बड़ा आदर-सत्कार किया गया। उनके रहन-सहन की व्यवस्था फैजुल्ला खाँ के आवास पर की गई।

फैजुल्ला खाँ के बँगले पर ही स्वामी दयानंद के व्याख्यान होने लगे। यह भी बड़े अफसोस की बात थी कि उन्हें आमंत्रित करनेवाले जोधपुर नरेश उनसे मिलने के लिए दो हफ्तों के बाद आए। उन्होंने नरेश को वैदिक धर्म का उपदेश दिया, जिसे सुनकर नरेश बड़े प्रसन्न हुए।

उन दिनों जोधपुर की स्थिति बड़ी शोचनीय थी। नरेश के चारों ओर चाटुकारों, पाखंडियों और षड्यंत्रकारियों का जमावड़ा लगा हुआ था। जब स्वामी दयानंद के उपदेशों से नरेश को वास्तविकता का आभास होने

लगा तो ये चाटुकार-षड्यंत्रकारी बिफर उठे। उन्होंने नरेश को स्वामी दयानंद के विरुद्ध भड़काना शुरू कर दिया। इस तरह अचानक ही नरेश के व्यवहार में परिवर्तन आ गया। इससे स्वामी दयानंद बड़े क्षुब्ध हुए। उन्होंने नरेश के नाम एक पत्र लिखा—

"श्रीयुत माननीय शूरवीर महाराजा प्रताप सिंहजी, सदा आनंदित रहो। यह पत्र बाबाजी (रावराजा तेजसिंह) महाराज को भी दृष्टिगोचर करा दीजिएगा।

"मुझे इस बात का बड़ा शोक होता है कि श्रीमान् जोधपुराधीश वर्तमान में आप और बाबा साहब, दोनों रोगयुक्त शरीरवाले हैं। अब कहें कि इस राज्य में, जिसमें 16 लाख से कुछ ऊपर मनुष्य बसते हैं, उनकी रक्षा और कल्याण का बड़ा भार आप लोग उठा रहे हैं। सुधार और बिगाड़ भी आप दोनों ही पर निर्भर है। तथापि आप लोग अपने शरीर की आरोग्यता, संरक्षण और आयु-वृद्धि के कार्यों पर बहुत थोड़ा ध्यान देते हैं। यह बड़ी ही शोचनीय बात है।

"मैं चाहता हूँ कि आप लोग अपनी दिनचर्या मुझसे श्रवण कर सुधार लें, जिससे मारवाड़ ही क्या वरन् अपने आर्यावर्त देश मात्र का कल्याण करने में आप लोग प्रसिद्ध हों। आप जैसे योग्य मनुष्य जगत् में बहुत ही कम पैदा होते हैं और पैदा होकर भी बहुत कम चिरंजीवी होते हैं। इसके बिना देश का सुधार कभी नहीं होता। उत्तम पुरुष जितना अधिक जीवित रहे, उतनी ही अधिक देश की उन्नति होती है। इस पर आप लोगों को अवश्य ही ध्यान देना चाहिए। आगे आप लोगों की जैसी इच्छा हो, आप वैसा ही कीजिए।"

स्वामी दयानंद का यह स्वभाव था कि जब भी उन्हें कुछ अनुचित प्रतीत होता था, तो वे उसके उचित करने हेतु प्रयास अवश्य करते थे। जोधपुर नरेश को लिखा पत्र इसका सर्वोत्तम उदाहरण है।

महानिर्वाण

जोधपुर नरेश की स्वामी दयानंद के प्रति बढ़ती निकटता से कुछ दरबारी लोग कुढ़ने लगे थे। अंततः उन्होंने स्वामी दयानंद को मारने का षड्यंत्र रचा। 29 सितंबर, 1883 को जब वे दूध पीकर सोए तो अचानक ही उनके पेट में बहुत तेज दर्द हुआ। जब स्वामी दयानंद के अस्वस्थ होने का समाचार महाराजा प्रताप सिंह और रावराजा तेजसिंह को मिला तो उन्होंने डॉक्टर सूर्यमल को बुलाने के लिए भेजा। डॉक्टर सूर्यमल ने कुछ औषधियाँ दीं, लेकिन स्वामी दयानंद की पीड़ा कम नहीं हुई।

स्वामी दयानंद को आभास हो गया था कि अब उनका अंतिम समय निकट है, इसलिए उन्होंने महाराजा से विदाई माँगी। महाराजा ने उन्हें बहुत समझाया कि अभी स्वास्थ्य ठीक नहीं है, इसलिए उनका अन्यत्र जाना भी उचित नहीं है, फिर भी वे नहीं माने और 16 अक्तूबर को वे आबू पर्वत की ओर चल दिए।

जब स्वामी दयानंद आबू पर्वत की ओर जा रहे थे तो उस समय उनकी मुलाकात डॉक्टर लक्ष्मणदास से हुई। उन्होंने स्वामी दयानंद की चिकित्सा की, लेकिन जब उनके अंग्रेज अधिकारी को इस बात का पता चला तो उसने उन्हें तुरंत अजमेर आकर अपना कार्यभार सँभालने के लिए कहा। डॉक्टर लक्ष्मणदास को यह देखकर बहुत बुरा लगा और उन्होंने अपनी नौकरी से त्यागपत्र देना ही उचित समझा, लेकिन उनका त्यागपत्र स्वीकार नहीं किया गया। अतः मजबूर होकर उन्हें अजमेर जाना पड़ा, लेकिन जाते-जाते उन्होंने स्वामी दयानंद से अजमेर आने की बात कही।

डॉक्टर लक्ष्मणदास के निमंत्रण के अनुसार स्वामी दयानंद 26 अक्तूबर, 1883 को आबू पर्वत से अजमेर की ओर चल पड़े और 27 अक्तूबर को अजमेर पहुँचे। यहाँ उनके रहन-सहन की व्यवस्था मिनाय की कोठी पर की गई। इसके बाद डॉक्टर लक्ष्मणदास ने उनकी चिकित्सा की, लेकिन डॉक्टर लक्ष्मणदास ने महसूस किया कि अब बहुत देर हो चुकी है।

वास्तव में बात यह थी कि जोधपुर में उन्हें कुछ षड्यंत्रकारियों ने दूध में जहर मिलाकर दे दिया था। यही कारण था कि उनका स्वास्थ्य लगातार बिगड़ता जा रहा था। अब उनके जीवित रहने की आशा धूमिल पड़ने लगी थी। इससे आर्यसमाजियों में घोर निराशा छा गई थी।

30 अक्तूबर, 1883 को एक अंग्रेज डॉक्टर न्यूटन उन्हें देखने के लिए आए, लेकिन उनकी ओर से भी कोई सकारात्मक बात सामने नहीं आई। शाम के चार बजे स्वामी दयानंद ने अपने शिष्यों—स्वामी आत्मानंद और स्वामी गोपालगिरी को बुलाया और उनसे प्रश्न किया कि तुम क्या चाहते हो? इस पर उन्होंने कहा कि हमारी तो बस यही इच्छा है कि आप शीघ्र ही रोगमुक्त हो जाएँ। उनकी यह बात सुनकर स्वामी दयानंद ने उन्हें 'शरीर के क्या अच्छा होने' की बात कहते हुए आशीर्वाद दिया। इसके बाद उन्होंने परमेश्वर की स्तुति की और फिर सदैव के लिए अपनी आँखें बंद कर लीं।

संपूर्ण भारत में आर्यधर्म की पताका फहरानेवाले स्वामी दयानंद आज भले ही हमारे बीच नहीं हैं, लेकिन उनके विचार एवं उपदेश आज भी हमारा मार्गदर्शन कर रहे हैं।

स्वामी दयानंद सरस्वती की राजनीतिक अवधारणा

उन्नीसवीं शताब्दी में हिंदू धर्म में सुधार लाने के लिए आर्य समाज द्वारा एक सशक्त आंदोलन चलाया गया। इस आंदोलन के प्रमुख संचालक स्वामी दयानंद सरस्वती ने देश भर में हिंदुत्व की परिभाषा को एक नई दिशा दी।

यदि हम यह कहें कि स्वामी दयानंद सरस्वती राष्ट्रवाद और स्वदेशी का सिद्धांत प्रस्तुत करनेवाले प्रथम व्यक्ति थे तो कोई अतिशयोक्ति न होगी। वे धार्मिक नेता होने के साथ-साथ एक राजनीतिक चिंतक भी थे। राजनीतिक क्षेत्र में प्रस्तुत की गई उनकी विचारधारा अत्यंत महत्त्वपूर्ण

है, लेकिन फिर भी अधिकांश लोग उन्हें धार्मिक नेता के रूप में ही अधिक जानते हैं।

आठवीं शताब्दी से लेकर बारहवीं शताब्दी तक भारतीय राजनीति में उदासी का दौर छाया रहा। केवल विदेशी आक्रमणकारियों ने भारत की राजनीति में परिवर्तन किया, लेकिन स्वयं भारतीयों के द्वारा मौर्य या गुप्त साम्राज्य की आदर्शवादिता प्रस्तुत नहीं की गई। जिस प्रकार मौर्यकाल में चाणक्य द्वारा राजनीतिक क्षेत्र में 'अर्थशास्त्र' की रचना की गई, उसके बाद से कई शताब्दियों तक ऐसा कोई ग्रंथ नहीं रचा गया। ऐसे में स्वामी दयानंद सरस्वती ने लगभग बारह शताब्दियों के पश्चात् अपनी राजनीतिक विचारधारा प्रस्तुत की, जो इस दृष्टि से और भी महत्त्वपूर्ण हो जाती है।

स्वामी दयानंद विशुद्ध भारतीय थे, उन्होंने पाश्चात्य शिक्षा प्राप्त नहीं की थी। उनके द्वारा भारत की सामाजिक और राजनीतिक समस्याओं के संदर्भ में जो मौलिक चिंतन प्रस्तुत किया गया, उसका आधार वेदशास्त्र ही थे। यद्यपि उन्होंने किसी राजनीतिक ग्रंथ की रचना नहीं की, लेकिन फिर भी उनके राजनीतिक विचारों की झलक उनके अनेक ग्रंथों में दिखाई पड़ती है। उनके द्वारा रचित ग्रंथ, जिनमें उनके राजनीतिक और सामाजिक विचार संगृहीत हैं, इस प्रकार हैं—

- सत्यार्थ प्रकाश
- ऋग्वेदादि भाष्य भूमिका
- स्वमंतव्यामंतव्य प्रकाश
- यजुर्वेद भाष्य
- ऋग्वेद भाष्य
- आर्याभिविनय

यजुर्वेद भाष्य और ऋग्वेद भाष्य स्वामी दयानंद द्वारा यजुर्वेद और ऋग्वेद ग्रंथों का नवीन व्याख्यात्मक ग्रंथ है। इन नवीन ग्रंथों में उन्होंने

तथ्यात्मक उपदेशों का अच्छा वर्णन किया है। उन्होंने संपूर्ण यजुर्वेद और ऋग्वेद का सातवें अध्याय तक व्याख्यानुसार वर्णन किया है। उनके द्वारा उन वैदिक मंत्रों में, उन विचारों को खोजने का प्रशंसनीय प्रयास किया गया है, वास्तव में जो उन मंत्रों में है ही नहीं। जो कार्य वेदभाष्य के संदर्भ में उनके द्वारा किया गया, वह किसी अन्य भाष्य ने किया ही नहीं। अतः उनके द्वारा रचित भाष्य और भी महत्त्वपूर्ण हो जाते हैं। ऋग्वेद के 1.54.3 श्लोक की उनके द्वारा की गई व्याख्या से उनकी विद्वत्ता का पता चलता है—

अर्चा दिवे बृहते शूष्यं वचः स्वक्षत्रं यस्य धृषतो धृषन्मनः।
बृहच्छ्रवा असुरो बृहणा कृतः पुरो हरिभ्यां वृषभो रमो हि षः॥

अर्थात् मनुष्यों को अपने राज्य या शासन की बागडोर एक ही व्यक्ति के हाथों में कदापि नहीं देनी चाहिए, क्योंकि एकतंत्र शासक निरंकुश हो सकता है। इससे उसके राज्य में प्रजा दुःख व अन्याय से पीड़ित हो जाएगी। अतः मनुष्यों को चाहिए कि जो व्यक्ति धर्मात्मा तथा राजकार्य करने के लिए पूरी तरह सुशिक्षित, प्रशंसनीय, शुभ गुणकर्म और स्वभावयुक्त हो, उसी को राज्य की बागडोर सौंपें।

इस प्रकार स्वामी दयानंद ने अनेक मंत्रों की सुव्याख्या कर वेदों के ज्ञान को और भी सरल व महत्त्वपूर्ण बना दिया है। इस क्षेत्र में उनके द्वारा दिया गया योगदान अतुलनीय है।

स्वामी दयानंद किसी भी राज्य के शासन में विधि और न्याय व्यवस्था को अत्यधिक महत्त्वपूर्ण मानते हैं। उन्होंने विधि शब्द के लिए 'नियम' और 'कानून' शब्दों का प्रयोग किया है। उनके अनुसार, जो नियम राजा और प्रजा के लिए सुखकारक और धर्मयुक्त हों, उन नियमों को पूर्ण विद्वानों की राजसभा में प्रस्तुत करें। इस कथन का अर्थ यह है कि विधि या नियमों को बनाने का कार्य राजसभा का है। यही नहीं, उनका यह भी कहना था कि इस सभा के सदस्य पूर्ण विद्वान् होने चाहिए,

जिससे कि सशक्त नियमों को बनाया जा सके। नियमों के संबंध में स्वामी दयानंद ने लिखा—

"ऐसा कानून राजा और प्रजा को चलाना तथा मानना चाहिए, जिससे द्यूत, चोरी, परस्त्रीगमन, बाल्यावस्था में विवाह न हो और विद्या का लोप न हो। राजा और प्रजा उस कानून को धर्म की तरह स्वीकार करें तथा उसी का अनुसरण करें। वह कानून ऐसा हो, जिससे लोक-परलोक दोनों ही शुद्ध हों। वह कानून किसी भी तरह से धर्म के विरुद्ध न हो, क्योंकि धर्म का दूसरा नाम न्याय है और न्याय का अर्थ है—पक्षपात न करना।"

यहाँ यह बात उल्लेखनीय है कि स्वामी दयानंद ने सत्यार्थ प्रकाश में विधि शब्द का प्रयोग किया है, जबकि उपरोक्त विज्ञापन में कानून शब्द का। उनका विचार था कि जब कानून बना दिए जाएँ तो शासक वर्ग और जनता को उनका पालन भलीभाँति करना चाहिए। इससे व्यवस्था और अनुशासन दोनों ही बने रहेंगे।

स्वामी दयानंद अधर्म के सख्त विरोधी थे। उनके अनुसार, अधर्म के कारण ही अनेक बुराइयों का जन्म होता है और इसके कारण ही मनुष्य पापकर्म करने में भी नहीं हिचकिचाता। इस बारे में उन्होंने लिखा—

"राजा और प्रजाजन कभी भी अधर्म के कार्यों को न करें और जो कोई किसी प्रकार करे भी तो अपराध के अनुकूल प्रजा राजा को और राजा प्रजा को दंड दे, लेकिन कभी भी अपराधी को दंड दिए बिना न छोड़ें और निरपराधी को निष्प्रयोजन पीड़ा न दें। इस प्रकार हर कोई न्यायमार्ग से धर्माचरण करते हुए अपने-अपने प्रत्येक कार्य के चितवन में रहे, जिससे अधिक मित्र, थोड़ी प्रीति रखनेवाले हों और शत्रु न हों तथा विद्या एवं धर्म के मार्गों का प्रचार करते हुए सब लोग ईश्वर की भक्ति में परायण होकर सदैव सुखी रहें।"

दंड-व्यवस्था को लेकर स्वामी दयानंद का दृष्टिकोण बड़ा स्पष्ट था। वे कहते थे कि अपराधी चाहे माता-पिता हों या पुत्र या मित्र

अथवा गुरु, उन्हें उनके अपराध के अनुसार दंड अवश्य ही मिलना चाहिए। इससे फिर कोई भी छोटा या बड़ा अपराध करने की चेष्टा नहीं करेगा। दंड-प्रक्रिया के संबंध में उन्होंने लिखा—

"जिस अपराध में साधारण मनुष्य पर एक पैसा दंड हो तो उसी अपराध में राजा को सहस्र गुणा दंड दिया जाना चाहिए। मंत्री अर्थात् राजा के दीवान को आठ सौ गुणा, उससे कम को सात सौ गुणा और उससे भी कम को छह सौ गुणा दंड दिया जाना चाहिए। इसी प्रकार जो छोटे-से-छोटा भृत्य अर्थात् चपरासी है, उसे आठ गुणा से कम दंड नहीं मिलना चाहिए, क्योंकि यदि प्रजापुरुषों से राजपुरुषों को अधिक दंड न मिले तो राजपुरुष प्रजापुरुषों का नाश कर देंगे। जैसे सिंह अधिक और बकरी थोड़े से दंड से ही वश में आ जाती है। अत: राजा से लेकर छोटे-से-छोटे भृत्यपर्यंत राजपुरुषों को अपराध में प्रजापुरुषों से अधिक दंड मिलना चाहिए।"

इस प्रकार कहा जा सकता है कि दंड संबंधी मामलों में स्वामी दयानंद का यह विचार अत्यंत महत्त्वपूर्ण है। उनके अनुसार राजा एवं राजपुरुष भी दंड से ऊपर नहीं हैं, बल्कि दंड के अधीन हैं।

स्वामी दयानंद के आविर्भाव के समय भारत ब्रिटिश शासन के अधीन था। भारत का गुलामी की जंजीर में जकड़े रहने का मुख्य कारण आपसी वैमनस्य तथा राष्ट्रीयता का अभाव था। 1857 के संग्राम से पहले भारतीयों में पूर्ण रूप से राष्ट्रीयता का विकास नहीं हुआ था। अंग्रेजों ने भारतीयों के मन-मस्तिष्क पर अपनी सभ्यता व संस्कृति की छाप छोड़कर भारत की भाषा एवं संस्कृति को नष्ट-भ्रष्ट करने का अनुचित कदम उठाया। अंग्रेजों का ऐसा करने का मुख्य कारण यह था कि इससे भारतीय उनकी गुलामी में जकड़े रहेंगे। ऐसा करने में अंग्रेज सफल भी रहे। हालाँकि आगे चलकर ब्रह्म समाज और प्रार्थना समाज जैसे सुधारवादी आंदोलन अस्तित्व में आए, लेकिन पश्चिमी सभ्यता से

प्रेरित होने के कारण ये जनांदोलन का रूप धारण करने में असमर्थ रहे।

गुलामी में जकड़े रहने के कारण भारतीय अपने ही देश में हर क्षेत्र में पिछड़े हुए थे। देश के प्रशासन में उनकी किसी भी प्रकार की कोई भागीदारी नहीं थी। सबकुछ अंग्रेजों के हाथों में था। जैसा वे चाहते थे, वैसा ही होता था। अपनी मरजी से अंग्रेजों द्वारा न्याय किया जाता था। न्याय क्या, यह एक प्रकार से अंग्रेजों द्वारा भारतीयों के साथ किया जानेवाला खिलवाड़ ही था।

सन् 1858 में एक परिवर्तन हुआ। इस वर्ष इंग्लैंड की महारानी विक्टोरिया ने भारत का शासन ईस्ट इंडिया कंपनी से अपने हाथों में ले लिया। इसका परिणाम यह हुआ कि गवर्नर एवं उसकी परिषद् महारानी के नाम पर भारत का शासन चलाने लगी। अंग्रेजों की धूर्तता और मक्कारी का पता इस बात से चलता है कि उन्होंने शासन में किसी भी भारतीय को भागीदारी नहीं दी, उन्हें हर क्षेत्र में अधिकारों से वंचित रखा। सी.वाई. चिंतामणि ने 'इंडियन पॉलिटिक्स सिंस दी म्यूटिनी' में लिखा है—

"भारत में नियुक्त योग्यतम अंग्रेज अफसरों का 'अल्पतंत्र शासन' ही था। भारतीय सदस्यों को वित्त तथा राजस्व जैसे महत्त्वपूर्ण विभाग नहीं सौंपे जाते थे। गवर्नर जनरल की कैबिनेट में भारतीयों का कोई स्थान नहीं था। कैबिनेट को सलाह देने के लिए जन-प्रतिनिधियों की कोई सलाहकार समिति नहीं बनाई गई थी। कैबिनेट का जनता के साथ संपर्क करने का कोई संवैधानिक उपक्रम निर्मित नहीं किया गया था।"

इस प्रकार स्वामी दयानंद के समय भारत राजनीतिक एवं सामाजिक अधोपतन के दौर से गुजर रहा था। उस समय जो शिक्षित भारतीय थे, उनकी केवल यही आकांक्षा थी कि किसी प्रकार से उन्हें सरकारी विभाग में नौकरी मिल जाए। भारत को अंग्रेजों के चंगुल से छुड़ाने का केवल एक सपना था। इन सब बातों से स्वामी दयानंद बहुत दु:खी थे। यह सर्वविदित है कि भारत का इतिहास अत्यंत गौरवशाली रहा है, लेकिन

यह गौरव मृतप्राय हो चुका था और स्वामी दयानंद इसे ही पुनरुजीवित करने के लिए प्रयासरत थे। 'सत्यार्थ प्रकाश' में भारत के पददलित होने के कारणों का विश्लेषण करते हुए स्वामी दयानंद ने लिखा है—

"परमात्मा की सृष्टि में अभिमानी, अन्यायकारी और अविद्वान् लोगों का राज्य अधिक दिनों तक नहीं चलता। यह संसार की स्वाभाविक प्रवृत्ति है कि जब बहुत सा धन असंख्य प्रयोजन से अधिक होता है तब आलस्य, पुरुषार्थरहितता, ईर्ष्या, द्वेष, विषयासक्ति और प्रमाद बढ़ता है। इससे देश में विद्या, सुशिक्षा नष्ट होकर दुर्गुण और दुष्ट व्यसन बढ़ जाते हैं, जैसे कि मद्य-मांस का सेवन, बाल्यावस्था में विवाह और स्वेच्छाचारिता आदि दोष बढ़ जाते हैं और जब युद्ध विभाग में युद्धविद्या का कौशल और सेना इतनी बढ़े कि जिसका सामना करनेवाला भूगोल में दूसरा न हो, तब उन लोगों में पक्षपात और अभिमान बढ़कर अन्याय में वृद्धि होती है।"

स्वामी दयानंद को यह देखकर बड़ा दुःख होता था कि अपना गौरव बचाने में भारतीय असमर्थ रहे। केवल चंद अंग्रेजों ने भारतीयों पर शासन किया। इसके पीछे स्वामी दयानंद मानते थे कि ऐसा भारतीयों में एकता के अभाव के कारण हुआ। इसका दूसरा कारण वे समाज की चारित्रिक गिरावट को भी मानते थे।

जब अंग्रेजी संस्कृति के प्रचार-प्रसार में मिशनरी लगे हुए थे, उस समय दयानंद ने भारत की पूर्ण राजनीतिक एवं सांस्कृतिक स्वतंत्रता का स्वप्न देखा था। उन्होंने भारतीयों का ध्यान भारत के गौरवशाली इतिहास की ओर आकृष्ट कराया। एक समय था, जब आर्य जाति उत्थान की राह पर थी। यही नहीं, विश्व के अन्य देशों में भी इस जाति की सभ्यता एवं संस्कृति का बोलबाला था। ज्ञान-विज्ञान के क्षेत्र में भी भारतीयों का योगदान अत्यंत महत्त्वपूर्ण था। स्वामी दयानंद ने अपने ग्रंथ 'सत्यार्थ प्रकाश' में लिखा—

"अब अभाग्योदय से और आर्यों के आलस्य, प्रमाद तथा परस्पर के विरोध से अन्य देशों के शासन करने की बात ही क्या कहनी, लेकिन आर्यावर्त में भी आर्यों का अखंड, स्वतंत्र, स्वाधीन और निर्भय राज्य इस समय नहीं है। जो है भी, वह विदेशियों से पादाक्रांत हो रहा है। कुछ थोड़े से राजा स्वतंत्र हैं। दुर्दिन जब आता है, तब देशवासियों को अनेक प्रकार के दुःख भोगने पड़ते हैं।"

स्वामी दयानंद सदैव देशवासियों में राष्ट्रीयता की भावना जाग्रत् करने के लिए प्रयासरत रहे। उनकी ओर से हरसंभव यही प्रयास रहा कि प्रत्येक देशवासी राष्ट्रीय एकता से ओत-प्रोत हो। उन्होंने सही अर्थों में सर्वप्रथम स्वराज्य का आदर्श प्रस्तुत किया। यही नहीं, उन्होंने स्वराज्य के देखे हुए स्वप्न को साकार करने के लिए क्रियात्मक योगदान भी दिया।

भारत के राजनीतिक पुनरुद्धार के संबंध में स्वामी दयानंद सरस्वती का मानना था कि यह उन भारतीय राजाओं की सहायता से ही संभव है, जिनके पास शासन की बागडोर थी। वे कहते थे कि मुझे अपने देशवासियों की दुर्दशा देखकर बहुत दुःख होता है। उनका यह भी कहना था कि भारतीय राजाओं को अपने राज्यों में संयुक्त राष्ट्रीयता की भावना और एक धार्मिक मत का सृजन करने के लिए आगे बढ़कर सामने आना चाहिए। इस संबंध में उनके विचार रावराजा तेजसिंह को लिखे पत्र से स्पष्ट होते हैं—

"श्रीयुत रावराजा तेजसिंह, आनंदित रहो!

"श्रीमान का पत्र संवत् 1940, वैशाख बदी 3, रविवार का लिखा मेरे पास वैशाख बदी सोमवार के दिन पहुँचा। पढ़कर बड़ा ही आनंद मिला। मैं आनंदपूर्वक जोधपुर आने का निमंत्रण स्वीकार करता हूँ और जोधपुराधीशों, श्रीमान महाराज श्री प्रताप सिंहजी तथा आपको अनेक धन्यवाद देता हूँ कि आप लोगों ने मेरे वहाँ जोधपुर में आने के लिए प्रीति प्रकाश की। मुझे इस बात से दृढ निश्चय हुआ कि अब आर्यावर्त

की उन्नति होने का समय आ गया है। जब श्रीमान जोधपुराधीश आदि की वैदिक सत्यधर्म और सनातन राजनीति पर प्रीति हुई है, पुनः हम लोगों के सौभाग्य के उदय होने में कुछ भी संदेह नहीं। सर्वशक्तिमान जगदीश्वर से मैं प्रार्थना करता हूँ कि आप लोगों की उन्नति कृपा-कटाक्ष से सदैव किया करें।''

स्वामी दयानंद का सदैव यही प्रयास रहा कि राजा एक आदर्श बनकर शासन करे, जिससे कि राज्य में किसी भी प्रकार की कलह जन्म न ले। उनका विचार था कि यदि शासक स्वयं ही सच्चरित्र नहीं है और उनका जीवनयापन का ढंग न्यायसंगत तथा धर्मपरायण नहीं है तो वह प्रजा को सदाचार के मार्ग पर चलने का नेतृत्व प्रदान नहीं कर सकता।

स्वामी दयानंद सरस्वती ने राजा के संबंध में कहा है कि राजा को अंतरराज्यीय संबंधों के क्षेत्र में बहुत ही सावधान रहने की आवश्यकता है अर्थात् राजा को कूटनीति में कुशल एवं प्रवीण होना चाहिए, क्योंकि राज्य के जन, धन और सूचना की सुरक्षा कूटनीति के बहुत ही आवश्यक अंग हैं। यदि कोई जन-धन पर कुदृष्टि डाले तो उसका पूर्णरूपेण विरोध करे और यदि वह ऐसे न माने तो फिर उसके साथ युद्ध करे। उन्होंने आगे कहा कि यदि आपके बारे में आपके शत्रु को पता चल जाए कि आपकी तैयारियाँ किस-किस प्रकार की हैं तो इससे आपकी पराजय निश्चित है, क्योंकि तब वह आपकी गुप्त योजना पर अपनी योजना तैयार करेगा। इस संबंध में स्वामी दयानंद ने लिखा—

''कोई शत्रु आपकी निर्बलता को न जान सके और स्वयं शत्रु की निर्बलता को जानता रहे, जैसे कछुआ अपने अंगों को गुप्त रखता है, वैसे ही शत्रु के प्रवेश करने के छिद्र को गुप्त रखे। जैसे बगुला ध्यान में लीन होकर मछली को पकड़ने के लिए ताकता रहा है, वैसे ही अर्थ-संग्रह का विचार किया करे, द्रव्यादि पदार्थ और बल की वृद्धि कर शत्रु को जीतने के लिए सिंह के समान पराक्रम करे, चीते के समान शत्रुओं

को छिपकर पकड़े और निकट आए बलवान शत्रुओं से सस्सा के समान दूर भाग जाए। तत्पश्चात् उनको छल से पकड़े।''

इसी क्रम में स्वामी दयानंद ने राजनीति के संबंध में अपने विचार प्रस्तुत करते हुए लिखा—

''नीति का जाननेवाला पृथ्वीपति राजा, जिस प्रकार उसके मित्र, मध्यस्थ और शत्रु अधिक न हों, ऐसे सभी उपायों को उपयोग में लाएँ। सभी कार्यों का वर्तमान में कर्तव्य और भविष्य में जो करना चाहिए तथा जो-जो कार्य कर चुके, उन सबका यथार्थता से गुण-दोषों का विचार करे। तत्पश्चात् दोषों के निवारण और गुणों की स्थिरता में यत्न करे। जो राजा भविष्य में होनेवाले गुण-दोषों और वर्तमान में किए हुए कार्यों में शेष कर्तव्यों को जानता है, वह शत्रुओं से कभी भी पराजित नहीं होता।''

स्वामी दयानंद सरस्वती का मानना था कि राजा को अपनी कमजोरी को छिपाकर रखना चाहिए, क्योंकि यदि कोई भी राजा ऐसा करने में सफल नहीं रहता तो फिर न तो वह अपने शत्रु से अपनी रक्षा करने में सफल हो सकेगा और न ही वह अपनी प्रजा को आनेवाले संकट से बचा पाएगा। अतः यह आवश्यक है कि कोई भी राजा या शासक अपनी नीतियों एवं योजनाओं को गुप्त रखकर व्यवहार करे।

स्वामीजी का प्रगतिशील दृष्टिकोण

स्वामी दयानंद ने न केवल समाज के उत्थान के लिए कार्य किया, बल्कि आनेवाली पीढ़ी के लिए भी उन्होंने कार्य किया। स्वराज्य का संदेश, बाल विवाह का विरोध, जाति-प्रथा की कड़ी आलोचना आदि ऐसी कई बातें हैं, जिनके लिए उन्होंने सराहनीय कदम उठाए। यदि हम उन्हें पुनर्जागरण के पुरोधा कहें तो कोई अतिशयोक्ति नहीं होगी।

इस बात में कोई संदेह नहीं कि स्वामी दयानंद प्रगतिशील दृष्टिकोण

के व्यक्ति थे। उनके समय में कुछ ऐसे मनीषी थे, जो उनकी विचारधारा से अत्यंत प्रभावित थे। महाकवि रवींद्रनाथ टैगोर और स्वामी दयानंद को आधुनिक भारत का निर्माता कहते थे। उनके संबंध में रवींद्रनाथ टैगोर ने लिखा—

"मैं स्वामी दयानंद को अपनी आदरपूर्ण श्रद्धांजलि अर्पित करता हूँ। वास्तव में वे आधुनिक भारत के महान् निर्माता थे। विभिन्न प्रथाओं एवं विश्वासों के, जो हमारे देश के अध:पतन के दिनों में थे, झाड़-झंखाड़ थे, उसके बीच से ऐसा सीधा मार्ग निकाला, जिस पर चलते हुए, हिंदू ईश्वर में विश्वास रखते हुए और मानवता की सेवा करते हुए तर्कसंगत व सरल जीवन व्यतीत कर सकें। सत्य के प्रति सुस्पष्ट दृष्टि और संकल्पमय साहस के साथ उन्होंने प्रचार और हमारे आत्मसम्मान के लिए तथा मन को झकझोरकर जगाने के लिए कार्य किया, जिससे भारतीय मन आधुनिक युग की प्रगतिशील भावना के साथ सामंजस्य का प्रयास कर सके, साथ-ही-साथ भारत के उस भव्य भूतकाल के साथ पूरी तरह संपर्क में रहे, जिसमें आध्यात्मिक उपलब्धि की अलौकिक क्रांति से उसने विचार और कर्म की पूर्ण स्वतंत्रता में अपनी अभिव्यक्ति की।"

स्वामी दयानंद समाज को संगठित करने और उसे धार्मिक, सामाजिक तथा आर्थिक दृष्टि से सुदृढ बनाने के पक्षपाती थे, लेकिन साथ ही उनका कहना था कि वे नहीं चाहते कि हिंदू अपने लिए एक पृथक् राजनैतिक अस्तित्व स्थापित करें। इस तथ्य से पता चलता है कि वे पक्के हिंदूवादी तो थे, पर संप्रदायवादी बिल्कुल नहीं थे।

राष्ट्र एवं समाज के उत्थान के लिए स्वामी दयानंद शिक्षा को अत्यंत आवश्यक मानते थे कि इससे न केवल ज्ञान का प्रसार होता है, बल्कि यह चरित्र-निर्माण में भी सहायक है। धार्मिक और नैतिक शिक्षा की शुरुआत यदि घर से ही हो तो उचित है। वे माता-पिता की ओर इशारा करते हुए कहते हैं कि हर माता-पिता को अपनी संतान को बलवान

और वीर बनाने के साथ-साथ शिष्ट व्यवहारवाला भी बनाना चाहिए।

स्वामी दयानंद सरस्वती मानते थे कि सह-शिक्षा के लिए कोई स्थान नहीं होना चाहिए। लड़कों व लड़कियों को एक-दूसरे के संपर्क में कदापि नहीं रहना चाहिए। यदि ऐसा होता है तो उस पर रोक लगनी चाहिए। छात्र किसी भी वर्ग से संबंधित क्यों न हो, उसके साथ समान व्यवहार होना चाहिए। इसके अतिरिक्त छात्रों में ब्रह्मचर्य का आदर्श पैदा किया जाना चाहिए।

भारत में प्रचलित पाश्चात्य शिक्षा पद्धति के वे कड़े विरोधी थे। स्वामी दयानंद को इस बात से बड़ी आपत्ति थी कि पाश्चात्य शिक्षा पद्धति में भारत की महान् सांस्कृतिक विरासत को जरा भी स्थान नहीं दिया गया था, जिससे छात्र इससे परिचित नहीं हो पाते थे। छात्रों के संबंध में उनका विचार था कि उनको तपस्यामय और अनुशासित होना चाहिए।

डी.ए.वी. शिक्षण संस्थान की स्थापना छात्रों में भारतीय संस्कृति एवं सभ्यता के प्रति अनुराग पैदा करने के उद्देश्य से की गई थी। ऐसा नहीं था कि केवल हिंदी और संस्कृत ही डी.ए.वी. में प्रचलित थी, बल्कि उसमें विज्ञान और अंग्रेजी को भी प्रमुखता से शामिल किया गया था।

स्वामी दयानंद ने वैसे तो कोई विशुद्ध राजनीति विज्ञान संबंधी पुस्तक नहीं लिखी, लेकिन बावजूद इसके उनके राजनीति संबंधी विचार, उनके द्वारा रचित विभिन्न ग्रंथों में बिखरे पड़े हैं। वे कोई राजनैतिक आंदोलनकारी नहीं थे, फिर भी उनकी राजनीतिक संकल्पनाएँ अपने समकालीन महापुरुषों की तुलना में श्रेष्ठ थीं। उस समय कुछ भारतीय मनीषियों में अंधविश्वास इस कदर समाया हुआ था कि वे मानते थे कि भारत में ब्रिटिश शासन दैवी विधान है और जब तक भारतीयों में राजनीतिक परिपक्वता नहीं आ जाती, तब तक ब्रिटिश शासन बना रहने में ही लाभ है। इसके विपरीत स्वामी दयानंद पूर्ण स्वतंत्रता के पक्षधर थे और वे मानते थे कि भारत की दुर्दशा में विदेशी शासन का बड़ा हाथ है।

जनसाधारण में राष्ट्रीयता की भावना पैदा करने के लिए स्वामी दयानंद आजीवन प्रयासरत रहे। उनके अनुसार, वेद सबसे प्राचीन ग्रंथ हैं और ये ही सभी सत्य विद्याओं की पुस्तक हैं। जो धर्म वेद की शिक्षा के विपरीत सिद्धांतों का प्रचार-प्रसार करनेवाले हैं, वे असत्य हैं।

स्वामी दयानंद उदारवादी दृष्टिकोणवाले व्यक्ति थे। उनकी इच्छा थी कि भारतीयों को विदेशों से संपर्क साधना चाहिए, जिससे उनमें निर्भीकता का संचार हो। इससे देशी व्यापार में तो वृद्धि होगी ही, साथ ही व्यापार पर विदेशियों का एकाधिकार भी समाप्त होगा। उनका विचार था कि यदि भारतीय अधिकाधिक रूप में विदेशों की यात्रा करेंगे तो उससे लोगों के आत्मविश्वास में वृद्धि होगी।

वैदिक सार्वभौमिकता के समर्थक

वेद स्वामी दयानंद के प्रेरणास्रोत थे और वे सदैव इस बात के लिए प्रयत्नशील रहे कि देशभर में वैदिक राजनैतिक संस्थाओं को ही अपनाया जाना चाहिए। यद्यपि प्राचीन भारत में राजतंत्रीय प्रणाली प्रचलित थी, लेकिन स्वामी दयानंद ने सदैव गणतंत्र प्रणाली को महत्त्व दिया। उनका मानना था कि शासक और प्रजा को मिलकर तीन सभाओं का गठन करना चाहिए, जो शिक्षा, धर्म और प्रशासन संबंधी मामलों की जाँच-पड़ताल करें। यदि ये सभाएँ ज्ञान के प्रसार के लिए देश व सरकार के अधिकारों की रक्षा करने के लिए काम करेंगी तो इससे निरंकुश सत्ता नहीं पनपेगी।

स्वामी दयानंद सरस्वती के अनुसार, अशिक्षित व्यक्ति को प्रत्येक सरकारी कार्य से दूर रखना चाहिए तथा विद्वान् एवं सदाचारी व्यक्ति को सरकारी कार्यों में सम्मिलित करना चाहिए। धर्म की व्याख्या भी केवल उसी व्यक्ति को करनी चाहिए, जिसे वेदों का उचित ज्ञान हो।

वे कहते थे कि राज्य के कानून धर्म के प्रतिकूल नहीं होने चाहिए। किसी भी शासक को यह अधिकार नहीं कि वह कोई भी ऐसा आदेश पारित करे, जो धर्म की अवहेलना करता हो।

'सार्वभौम भ्रातृभाव' विचारधारा को स्वामी दयानंद सरस्वती ने प्रचारित करने का प्रशंसनीय प्रयास किया। उनका वैदिक सार्वभौमिकता में बहुत विश्वास था। वे मानते थे कि वेदों का संदेश केवल किसी निश्चित जाति के लिए नहीं, बल्कि संपूर्ण मानव जाति के लिए है। इसी बात को ध्यान में रखते हुए उन्होंने 'आर्य समाज' की स्थापना की थी, जिसके संबंध में उनका मानना था कि इस समाज का प्रमुख उद्देश्य सामाजिक व आध्यात्मिक उन्नति के साथ-साथ चारों ओर वेदों का प्रचार-प्रसार करना है। उनका यह विश्वास था कि एक-न-एक दिन संपूर्ण विश्व में वेदों की शिक्षा होगी और सभी उनकी शिक्षाओं का पालन करेंगे।

मैं दयानंद सरस्वती बोल रहा हूँ

अधर्म

जो पक्षपात सहित अन्यायाचरण, सत्य का त्याग और असत्य का ग्रहण रूप कर्म है, उसी को अधर्म कहते हैं।

—सत्यार्थ प्रकाश, तृतीय समुल्लास

❖

अध्यक्ष

इक्ष्वाकु आर्यावर्त का प्रथम राजा था। इक्ष्वाकु राजा हुआ तो इसलिए नहीं कि वह राजकुल में उत्पन्न हुआ था अथवा उसने बलात् राज्य उत्पन्न किया हो, किंतु सारे लोगों ने उसे उसकी योग्यतानुकूल राजसभा में अध्यक्ष पद पर बैठाया। उस समय सारे लोग वैदिक व्यवस्थानुकूल चलते थे। इक्ष्वाकु राजसभा का प्रथम अध्यक्ष था। यदि सभा के विचार में दो पक्ष आ जाएँ तो उस स्थल पर निर्णय करने का कार्य अध्यक्ष का था।

—पूना में दिए व्याख्यान से उद्धृत

❖

अधिकार

विद्या और धर्म के प्रचार का अधिकार ब्राह्मणों को ही देना आवश्यक है, क्योंकि वे पूर्ण विद्वान्, विद्यावान् और धार्मिक होने से उस कार्य को यथायोग्य कर सकते हैं।

❖

क्षत्रियों को राज्य के अधिकार देने से राज्य को कभी हानि और विघ्न नहीं होता।

❖

पशुपालन आदि का अधिकार वैश्यों का ही होना योग्य है, क्योंकि वे इस कार्य को भलीभाँति कर सकते हैं।

❖

शूद्र को सेवा का अधिकार इसलिए है, क्योंकि वह विद्यारहित मूर्ख होने से विज्ञान संबंधी कुछ भी कार्य नहीं कर सकता है।

—सत्यार्थ प्रकाश, चतुर्थ समुल्लास

❖

अमात्य को दंडाधिकार, दंड में विनय क्रिया अर्थात् जिससे अन्यायरूपी दंड न होने पाए, राजा के अधीन कोश और राजकार्य तथा सभा के अधीन सब कार्य और दूत के अधीन किसी से मेल या मेल करने का अधिकार दे।

—सत्यार्थ प्रकाश, षष्ठम समुल्लास

❖

राजा को चाहिए कि उत्तम प्रकार की शिक्षा करके उत्तम गुण, कर्म और स्वभाववाले मनुष्यों को राजकर्म के अधिकारों से नियुक्त करे।

❖

राज्य में चार प्रकार के अधिकारी होते हैं—राज्याधिकारी, सेनाधिकारी, न्यायाधिकारी और कोषाधिकारी।

—उपदेश मंजरी, उपदेश नंबर 9

❖

अभाग्योदय

अनेक प्रमाणों से सिद्ध होता है कि सृष्टि से लेकर महाभारतपर्यंत चक्रवर्ती सार्वभौम राजा आर्यकुल में ही हुए थे। अब इनकी संतानों का अभाग्योदय होने से राजभ्रष्ट होकर विदेशियों के पदाक्रांत हो रहे हैं।

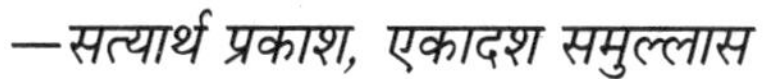

—सत्यार्थ प्रकाश, एकादश समुल्लास

अभिमान

जिन गुणी जनों को धन प्राप्त हो तो वे औरों का सत्कार करें और जिन क्रियाकुशल शिल्पीजनों को ऐश्वर्य प्राप्त हो, वे सबका सत्कार करें। जैसे-जैसे विद्या आदि अच्छे गुण अधिक हों, वैसे-वैसे अभिमान रहित होना चाहिए

—ऋग्वेद भाष्य 1.177.5

❧ ❖ ❧

किसी को अभिमान करना उचित नहीं, क्योंकि यह नीति का वचन है। जो अभिमान अर्थात् अहंकार है, वह शोभा और लक्ष्मी का नाश कर देता है। अत: मनुष्य को जरा भी अभिमान नहीं करना चाहिए।

—सत्यार्थ प्रकाश, द्वितीय समुल्लास

अन्याय

प्यारे भाइयो! तुम जानबूझकर अपनी प्रिय बेटियों को विधर्मी बना रहे हो, अपने हृदय के टुकड़ों को बुरी तरह काट-काटकर फेंक रहे हो। ईश्वर के लिए उन कन्याओं पर और आर्य जाति पर अन्याय व अनर्थ न करो, रहम करो।

—मारवाड़ सभा को संबोधित करते हुए

❧ ❖ ❧

परमात्मा की सृष्टि में अभिमानी, अन्यायकारी और अविद्वानों का राज्य बहुत दिनों तक नहीं चलता। यह संसार की स्वाभाविक प्रवृत्ति है कि जब बहुत सा धन असंख्य प्रयोजन से अधिक होता है, तब आलस्य, पुरुषार्थरहितता, ईर्ष्या, द्वेष विषयासक्ति और प्रमाद बढ़ता है। इससे देश में विद्या, सुशिक्षा नष्ट होकर दुर्गुण और दुष्ट व्यसन जैसे कि मद्य-मांस सेवन, बाल्यावस्था में विवाह और स्वेच्छाचारादि दोष बढ़ जाते हैं। जब युद्ध विभाग में युद्ध विद्या में कौशल और सेना इतनी बढ़े कि जिसका सामना करनेवाला भूगोल में दूसरा न हो, तब उन लोगों में पक्षपात और अभिमान व अन्याय बढ़ जाता है।

—सत्यार्थ प्रकाश, एकादश समुल्लास

❖

जहाँ सभी में मूल रूप से अर्थात् निष्कलंक कुल परंपरा से उत्पन्न हुए शास्त्रवेत्ता धार्मिक सभासद सत्य न्याय करें और विद्या तथा अवस्था में वृद्ध सभापति हों, वहाँ अन्याय का प्रवेश नहीं होता।

—ऋग्वेद भाष्य 1.71.5

❖

जब राजसभा में पक्षपात से अन्याय किया जाता है, वहाँ अधर्म के चार विभाग हो जाते हैं, उनमें से एक अधर्म का कर्ता, दूसरा साक्षी, तीसरा सभासद और चौथा अधर्मी सभा के सभापति राजा के पद को प्राप्त होता है।

—सत्यार्थ प्रकाश, षष्ठम समुल्लास

❖

अनित्य

जिसका उत्पत्ति और विनाश देखा जाता है, वह अनित्य होता है।

—सत्यार्थ प्रकाश, अष्टम समुल्लास

जो समवाय संबंध से नहीं रहता, वह संयोगज होने से अनित्य होता है।

—सत्यार्थ प्रकाश, द्वादश समुल्लास

❧❖☙

जो कारणवाले कारण, रूप, द्रव्य और गुण हैं, वे अनित्य ही कहलाते हैं।

—सत्यार्थ प्रकाश, तृतीय समुल्लास

❧❖☙

अनुग्रह

हे रुद्र भगवन्! आपकी आज्ञा का प्रणय अर्थात् उत्तम न्याययुक्त नीतियों में प्रवृत्त होकर वीरों के चक्रवर्ती राज्य को आपके अनुग्रह से प्राप्त करें।

—आर्याभिविनय

❧❖☙

अविद्या

अविद्या के कारण खाने-पीने, मल-मूत्र त्यागने, जूते, धोती, अँगरखा आदि पहनने को ही लोगों ने धर्म मान रखा है, यह बड़े खेद की बात है।

❧❖☙

जो अनित्य संसार और देहादि में नित्य अर्थात् जो कार्य जगत् में देखा-सुना जाता है, सदा रहेगा, सदा से है और योगबल से यहीं देवों का शरीर रहता है, वैसी विपरीत बुद्धि का होना अविद्या का प्रथम भाग है। अशुचि अर्थात् मलमय स्त्री आदि की ओर मिथ्या भाषण, चोरी, अपवित्र में पवित्र बुद्धि दूसरा, अत्यंत विषय सेवन रूपी दुःख में सुख बुद्धि आदि तीसरा और अनात्मा में आत्मबुद्धि करना अविद्या का चौथा भाग है।

—सत्यार्थ प्रकाश, नवम समुल्लास

❧❖☙

अशक्य

जो मनुष्य धनुर्वेद के विज्ञान की क्रियाओं में कुशल हों तो सब जगह ही उनकी विजय प्रशस्त हो, जो विद्या, विनय और वीरता आदि गुणों से भूगोल के एक राज्य को चाहें तो उनके लिए कुछ भी अशक्य नहीं।

—यजुर्वेद भाष्य 29.39

असत्य

असत्यवादी की सर्वदा परीक्षा करते रहो। इसी का नाम सुधार है, क्योंकि दुद्धेः फलमनाग्रहः। जब यही सत्पुरुष का लक्षण है, तब उसे सच्चा ज्ञान हुआ जानो। जब अपने निश्चय किए हुए में भी जितना असत्य जानो, उसको उसी समय त्याग दो, फिर उसे दूसरे का असत्य छोड़ने में क्या आश्चर्य है।

—बाबू माधोप्रसाद को लिखे पत्र से उद्धृत
(7 मई, 1879)

जो वेदांती लोग ब्रह्मा से जगत् की उत्पत्ति मानते हैं तो ब्रह्मा के सत्य होने से उसका कार्य असत्य कभी नहीं हो सकता।

—सत्यार्थ प्रकाश, अष्टम समुल्लास

अज्ञान

भारत को अज्ञान की कालिमा ने घेर रखा है और यही अज्ञान भारतवासियों के अधोपतन का कारण है। भारतवासी अपने अधोपतन के प्रति असावधान भी हैं, मुझे विश्वास है कि यदि वैदिक संस्कृत का सूर्य चमके तथा वेदों का सच्चा ज्ञान सारे भारत में फैल जाए तो यह

अज्ञान का अँधेरा मिट सकता है।

—स्वामी दयानंद सरस्वती पत्र एवं विज्ञापन से उद्धृत

❖

अज्ञानी

जैसे पत्थर की नौका में बैठकर जल में तैरनेवाला डूब जाता है, वैसे ही अज्ञानी दाता और गृहीता दोनों अधोगति अर्थात् दुःख को प्राप्त होते हैं।

—सत्यार्थ प्रकाश, चतुर्थ समुल्लास

❖

आचरण

नीची दृष्टि कर ऊँचे-नीचे स्थान को देखकर चलें, वस्त्र से छानकर जल को पिएँ, सत्य से पवित्र करके वचन बोलें और मन से विचार करके आचरण करें।

❖

प्रसूता का दूध बालक को छह दिन तक पिलाएँ। तत्पश्चात् धायी पिलाया करे, लेकिन धायी को उत्तम पदार्थों का खान-पान माता-पिता कराएँ। जो दरिद्र हों, धायी न रख सकें तो वे गाय या बकरी के दूध में उत्तम औषधियाँ, जो कि बुद्धि, आरोग्य और पराक्रम करनेवाली हों, उन्हें शुद्ध जल में भिगो, छानकर दूध के समान जल मिलाकर बालक को पिलाएँ।

—सत्यार्थ प्रकाश, द्वितीय समुल्लास

❖

रात्रि के चौथे प्रहर अथवा चार घड़ी रात रहे, उठें, आवश्यक कार्य करके धर्म और अर्थ का विचार, शरीर के रोगों का निदान और परमात्मा

का ध्यान करें। अधर्म का आचरण कभी न करें।

—*सत्यार्थ प्रकाश, चतुर्थ समुल्लास*

❖

संग्राम में राजा के अभाव में रानी सेनापति हो और जैसे राजा युद्ध में वीरों को प्रेरणा दे, वैसे ही वह भी आचरण करे।

—ऋग्वेद भाष्य 6.75.13

❖

आत्मा

जब शरीर का नष्ट होना निश्चित है तो अधर्मपूर्वक उसकी रक्षा में प्रवृत्त होना व्यर्थ है। अतः आप शरीर का तो नाश कर सकते हैं, किंतु क्या संसार में कोई ऐसा व्यक्ति भी है, जो आत्मा का नाश कर सके। जब आत्मा की अमरता एक शाश्वत सत्य है, तो सत्य को कहने में मैं कभी भी पीछे नहीं हटूँगा।

—*बरेली में सभा को संबोधित करते हुए (14 अगस्त, 1879)*

❖

आयु

सोलह वर्ष की आयु से लेकर चौबीसवें वर्ष की आयु तक कन्या और पच्चीसवें वर्ष से लेकर अड़तालीस वर्ष की आयु तक पुरुष के विवाह का समय उत्तम है। इसमें जो सोलह और पच्चीस वर्ष की आयु में विवाह करें तो निकृष्ट, अठारह-बीस वर्ष की आयु की स्त्री और तीस, पैंतीस या चालीस वर्ष की आयु के पुरुष के मध्यम, चौबीस वर्ष की आयु की स्त्री और अड़तालीस वर्ष की आयु के पुरुष का विवाह होना उत्तम है।

—*सत्यार्थ प्रकाश, चतुर्थ समुल्लास*

❖

सोलह वर्ष से कम आयुवाली स्त्री में पच्चीस वर्ष से कम आयुवाला पुरुष गर्भ का स्थापन करे तो वह कुक्षिस्थ हुआ गर्भ विपत्ति को प्राप्त होता है अर्थात् पूर्णकाल तक गर्भाशय में रहकर उत्पन्न नहीं होता या उत्पन्न हो तो फिर चिरकाल तक नहीं जिएगा और यदि जिएगा तो दुर्बल इंद्रिय होगा। इस कारण अति बाल्यावस्थावाली स्त्री में गर्भ स्थापन न करें।

—सत्यार्थ प्रकाश, चतुर्थ समुल्लास

❖

जितनी सामर्थ्य पच्चीस वर्ष की आयु में पुरुष के शरीर में होती है, उतनी सामर्थ्य स्त्री के शरीर में सोलह वर्ष की आयु में हो जाती है। यदि बहुत शीघ्र ही विवाह करना चाहें तो पच्चीस वर्ष की आयु का पुरुष और सोलह वर्ष की आयु की स्त्री दोनों ही तुल्य सामर्थ्यवाले होते हैं। इस कारण इस आयु में जो विवाह करता है, वह अधम विवाह है और जो सत्रह वर्ष की आयु की स्त्री तथा तीस वर्ष की आयु का पुरुष, अठारह वर्ष की आयु की स्त्री और अड़तीस वर्ष की आयु का पुरुष विवाह करे तो इस समय को मध्यम समय जानो और जो बीस, इक्कीस, बाईस या चौबीस वर्ष की आयु की स्त्री, चालीस, बयालीस, छियालीस और अड़तालीस वर्ष की आयु का पुरुष होकर विवाह करे तो वह विवाह सर्वोत्तम है।

—सत्यार्थ प्रकाश, संस्कार विधि

❖

आर्य

आर्य धार्मिक विद्वान्, सत्य वक्ताओं का नाम है और उनसे विपरीत गुणवाले जो मनुष्य हैं, उनका नाम दस्यु अर्थात् डाकू, कुकर्मी, मूर्ख और अधार्मिक है। इसी प्रकार ब्राह्मण, क्षत्रिय और वैश्य द्विजों का नाम आर्य तथा शूद्रों का नाम अनार्य अथवा अनाड़ी है। जब वेदों में यह लिखा है तो दूसरी जातियों की कल्पित बातों को बुद्धिमान् लोग कभी नहीं मान

सकते। हिमालय पर्वत पर आर्य तथा दस्यु, म्लेच्छ अर्थात् राक्षसों का जो संग्राम हुआ था, उसमें आर्यावर्त के अर्जुन और महाराज दशरथ प्रभृति सम्राट् देवताओं अर्थात् आर्यों की विजय तथा असुरों की पराजय के लिए सहायक हुए।

—सत्यार्थ प्रकाश, अष्टम समुल्लास

❖

यह बड़े आश्चर्य की बात है कि पृथ्वी, जल, अग्नि, वायु, आकाश, सूर्य, चंद्र, वर्षा और ऋतु मास, पक्ष, दिन, रात्रि, प्रहर, मुहूर्त, घड़ी, क्षण, आँख, नाक, आदि शरीर, औषधि, वनस्पति, खाना-पीना आदि व्यवहार ज्यों-के-त्यों हैं, तो फिर हम आर्यों की दशा क्यों पलट गई?

मनुष्यो! अत्यंत विचारपूर्वक देखो कि जिसका फल दुःख है, वह धर्म और जिसका फल सुख है, वह अधर्म कभी हो सकता है? अपनी दशा अन्यथा होने का यही कारण है, जो ऊपर उल्लिखित हैं, अर्थात् वेद-विरुद्ध चलना या फिर उस प्राचीन अवस्था की प्राप्ति करनेवाले वेदानुकूल आचार पर चलना है। जैसे आर्यावर्त निवासी आर्य, आर्यसमाजों के सभासद करना और कराना चाहते हैं कि संस्कृत विद्या के जाननेवाले स्वदेशीय मनुष्यों की वृद्धि के अभिलाषी परोपकारक, निष्कपट होकर सबको सत्य विद्या देने की इच्छायुक्त धार्मिक विद्वानों की उपदेशक मंडली और वेदशास्त्रों को पढ़ाने के लिए पाठशालाएँ नियत करना चाहते हैं।

—विज्ञापन पत्र (27 फरवरी, 1879)

❖

आश्रम

आश्रम चार हैं—ब्रह्मचर्य, गृहस्थ, वानप्रस्थ और संन्यास। ब्रह्मचर्य आश्रम के द्वारा हमें उत्तम विद्या और जीवनयात्रा के लिए उपयोगी शिक्षा ग्रहण करनी चाहिए। गृहस्थाश्रम के द्वारा उत्तम आचरण और श्रेष्ठ पदार्थों की उन्नति करनी चाहिए। वानप्रस्थ में एकांतवास करते हुए ब्रह्म की उपासना,

जो कुछ भी ब्रह्मचर्य आश्रम में पढ़ा और गृहस्थाश्रम में अनुभव किया, उसके परिणामों पर विचार करना चाहिए। संन्यास में परं ब्रह्म परमेश्वर की शरण में मोक्ष का परम आनंद प्राप्त किया जाता है। इसके साथ ही सभी प्रकार के ज्ञान और अनुभव के आधार पर सर्वजनों को उपदेश देकर उन्हें भी आनंद का लाभ देना चाहिए।

—ऋग्वेदादि भाष्य का वर्णाश्रम प्रकरण

❖

मनुष्यों को उचित है कि ब्रह्मचर्य आश्रम समाप्त करके गृहस्थ होकर वानप्रस्थ और वानप्रस्थ होकर फिर संन्यासी हो जाएँ। यह अनुक्रम से आश्रम विधान है।

—शतपथ ब्राह्मण

❖

आर्यावर्त

उत्तर में हिमालय पर्वत, दक्षिण में विंध्याचल, पूर्व और पश्चिम में समुद्र या यह कहें कि पश्चिम में सरस्वती नदी व अटक नद (जो उत्तरीय पर्वतों से निकलकर दक्षिण अरब सागर में जाकर गिरता है) पूर्व में दृषद्वती (जो नेपाल के पूर्वी भाग के पहाड़ों से निकलकर बंगाल की ओर समुद्र में मिल गई है, जिसे ब्रह्मपुत्र कहते हैं), हिमालय की मध्य रेखा से दक्षिण और पर्वतों के मध्य तथा रामेश्वर और विंध्याचल तक जितने देश हैं, इनको आर्यावर्त इसलिए कहते हैं, क्योंकि यह देश आर्यावर्त देवता अर्थात् विद्वानों ने बसाया है और आर्य पुरुषों की निवास भूमि है।

—सत्यार्थ प्रकाश, अष्टम समुल्लास

❖

आर्यसमाज

आर्यसमाज में मुख्य प्रमाण वेदों का ही माना जाएगा। साक्षी के

लिए वेदों के ज्ञान के वास्ते और इसी प्रकार आर्य इतिहास के वास्ते, 4 शतपथ ब्राह्मण आदि, 6 वेदांग, 4 उपवेद, 6 दर्शन, 1127 शाखा वेदों के व्याख्यान वेदों के आर्ष सनातन ग्रंथों का भी वेदानुकूल होने से गौण प्रमाण माना जाएगा।

❖

आर्यसमाज में प्रति देश के मध्य एक प्रधान समाज होगा और अन्य शाखा के प्रति शाखा होगी।

❖

आर्यसमाज में सत्पुरुष, सत्य नित्याचारी, सत्य आचरणी और सर्व हितकारक समाजस्थ किए जाएँगे।

❖

आर्यसमाज में वेदोक्त रीति से एक अद्वितीय परमेश्वर की ही स्तुति, प्रार्थना और उपासना की जाएगी अर्थात् निराकसर, सर्वशक्तिमान, न्यायकारी, अजन्मा, अनंत, निर्विकार, अनादि, अनुपम, दयालु, सर्वजगन्पिता, सर्वजगन्माता, सर्वाधार, सर्वेश्वर, सर्वव्यापक, सर्वांतर्यामी, अजर, अमर, इत्यादि विशेषणों से ही परमात्मा की स्तुति, उसी के गुण-कीर्तन, उसी की प्रार्थना और उसी के आनंद स्वरूप की आराधना की जाएगी।

❖

आर्यसमाज में नैमित्तिक आदि अंत्येष्टिपर्यंत संस्कार वेदों से ही किए जाएँगे।

आर्यसमाज में स्वदेशादिक हितार्थ दो प्रकार की शुद्धि के लिए प्रयत्न किया जाएगा।

आर्यसमाज में प्रधानादि सभासद परस्पर प्रीति के लिए अभिमान, हठ, दुराग्रह और क्रोधादि सब दुर्गुण छोड़कर उपकार सहृदयता से सबसे

सभी को निर्वैर होकर स्वात्मवत् सम प्रीति करनी होगी।

—आर्यसमाज नियमावली

❖

इंद्र

सभी सभासदों को मिलकर ऐसा विचार करना चाहिए, जिससे उनकी सुख-समृद्धि का ह्रास तथा पराजय न हो। विद्वान् देवों में जो सबसे अधिक पराक्रमी, सर्वाधिक बलवान्, सबसे अधिक सहनशील, सब गुणों में सर्वश्रेष्ठ, मुद्धादि दुःखों के निवारण में सबसे अधिक समर्थ, विजय कराने के योग्य तथा सबसे श्रेष्ठतम हो, ऐसे श्रेष्ठ पुरुष का निश्चय उसे हम अभिषिक्त करें, क्योंकि ऐसा पुरुष सब ऐश्वर्यों को प्राप्त करनेवाला होता है। इसी कारण उसे इंद्र कहते हैं।

—ऋग्वेद भाष्य भूमिका

❖

ईश्वर

ईश्वर जिसके ब्रह्म-परमात्मा आदि नाम हैं, जो सच्चिदानंद आदि लक्षणों से युक्त है, जिसके गुण-कर्म-स्वभाव पवित्र हैं, जो सर्वज्ञ, निराकार, सर्वव्यापक, अजन्मा, अनंत, सर्वशक्तिमान्, दयालु, न्यायकारी, सब सृष्टि का कर्ता-धर्ता-हर्ता, सब जीवों को कर्मानुसार सत्य-न्याय से फलदाता आदि लक्षणयुक्त है, उसी को ईश्वर मानता हूँ।

—स्वमंताव्यामंतव्य प्रकाश

❖

ईश्वर जिसके गुण, कर्म, स्वभाव और स्वरूप सत्य ही हैं, जो केवल चेतन भाव वस्तु है तथा जो अद्वितीय, सर्वशक्तिमान्, अनादि, निराकार, सर्वत्र व्यापक और अनंत आदि सत्यगुणवाला है और जिसका स्वभाव अविनाशी, ज्ञानी, आनंदी, शुद्ध, न्यायकारी, दयालु व अजन्मा है, जिसका

कर्म जगत् की उत्पत्ति, पालन और विनाश करना तथा सब जीवों को पाप-पुण्य के फल ठीक-ठाक पहुँचाना है, उसी को ईश्वर कहते हैं।

—आर्योद्‌देश्य रत्नमाला-1

❧ ❖ ❧

सब सत्य विद्या और जो पदार्थ विद्या से जाने जाते हैं, उन सभी का आदि मूल ईश्वर है।

ईश्वर सच्चिदानंद, निराकार, सर्वशक्तिमान्, न्यायकारी, दयालु, अजन्मा, निर्विकार, अनादि, अनुपम, सर्वाधार, सर्वेश्वर, सर्वव्यापक, सर्वअंतर्यामी, अजर, अमर, अभय, नित्य, पवित्र और सृष्टिकर्ता है, उसकी उपासना करने योग्य है।

—आर्यसमाज के नियम

❧ ❖ ❧

ईश्वर उपदेश करता है कि राजा और प्रजा के पुरुष मिलकर सुख प्राप्ति और विज्ञान वृद्धिकारक राजा प्रजा के प्रबंध रूपी व्यवहार में तीन सभा अर्थात् विद्यार्थ, सभा, धर्मार्थ सभा और राजार्थ सभा नियत करके बहुत प्रकार के समग्र प्रजा संबंधी मनुष्य आदि प्राणियों को सब ओर से विद्या स्वातंत्र्य, धर्म, सुशिक्षा और धन आदि से अलंकृत करे।

—सत्यार्थ प्रकाश, षष्ठम समुल्लास

❧ ❖ ❧

जब आत्मा, मन और मन इंद्रियों को किसी विषय में लगाता है या चोरी आदि बुरी या परोपकार आदि अच्छी बात के करने का जिस क्षण में आरंभ करता है, उस समय जीव की इच्छा ज्ञान आदि उसी इच्छित विषय पर झुक जाती है, उसी क्षण आत्मा के भीतर से बुरे काम करने में भय, शंका और लज्जा तथा अच्छे काम करने में अभय, निःशंकता तथा

आनंदोत्साह उठता है। यह जीवात्मा की ओर से नहीं, बल्कि ईश्वर की ओर से है।

जैसे ईश्वर के इस संसार में दान और रक्षा निश्चल न्याययुक्त होती है, वैसे ही अन्य मनुष्यों को भी प्रजा के बीच में विद्या और निर्भयता का निरंतर विस्तार करना चाहिए। जो ईश्वर न होता तो यह जगत् कैसे उत्पन्न होता और जो ईश्वर सब पदार्थों को उत्पन्न करके सब मनुष्यों के लिए नहीं देता तो मनुष्य कैसे जी सकते थे? इससे सब कार्यों को उत्पन्न करनेवाला तथा सब सुखों को देनेवाला ईश्वर ही है, अन्य कोई नहीं। यह बात सभी को माननी चाहिए।

—ऋग्वेद भाष्य 1.11.3

❖

उत्तम

अब भाग्योदय से और आर्यों के आलस्य, प्रमाद, परस्पर के विरोध से अन्य देशों के राज्य करने की तो कथा ही क्या कहनी, किंतु आर्यावर्त में भी आर्यों का अखंड, स्वतंत्र स्वाधीन, निर्भय राज्य इस समय नहीं है। जो कुछ है, सो भी विदेशियों के पदाक्रांत हो रहा है। कुछ थोड़े से राजा स्वतंत्र हैं। दुर्दिन जब आता है, तब देशवासियों को अनेक प्रकार के दुख भोगने पड़ते हैं। कोई कितना भी करे, परंतु जो स्वदेशीय राज्य होता है, वही सर्वोपरि उत्तम होता है।

❖

उत्तम पुरुष

उत्तम धार्मिक पुरुषार्थी मनुष्य का सहसा मिलना असंभव नहीं तो दुर्लभ अवश्य है। बड़े भाग्य और परमेश्वर की कृपा से उत्तम पुरुष को उत्तम पुरुष मिलता है।

—चौधरी जालिम सिंह को लिखे पत्र से उद्धृत

(मिति भाद्र सुदी 4, संवत् 1940)

उत्तम पुरुष जितना अधिक जीता है, उतनी ही अधिक देश की उन्नति होती है।

—महाराज श्री प्रताप सिंह को लिखे पत्र से उद्धृत (मिति आश्विन बदी 3, शनि, संवत् 1940)

❖

उत्तम शिक्षक

वस्तुतः जब तीन उत्तम शिक्षक अर्थात् एक माता, दूसरा पिता और तीसरा आचार्य हो तो तभी मनुष्य ज्ञानवान् होता है। वह कुल धन्य है, वह संतान भाग्यवान् है, जिसके माता-पिता धार्मिक विद्वान् हों। जितना माता से संतानों को उपदेश और उपकार पहुँचता है, उतना किसी अन्य से नहीं।

—सत्यार्थ प्रकाश, द्वितीय समुल्लास

❖

जो अध्यापक पुरुष या स्त्री दुष्टाचारी हों, उनसे शिक्षा न दिलाएँ, किंतु ज़ो पूर्ण विद्यायुक्त धार्मिक हों, वे ही पढ़ाने और शिक्षा देने योग्य हैं।

—सत्यार्थ प्रकाश, तृतीय समुल्लास

❖

उत्तम शिक्षा

माता बालकों की सदा उत्तम शिक्षा करे, जिससे संतान सभ्य हो और किसी भी अंग से कुचेष्टा न कर सके।

—सत्यार्थ प्रकाश, द्वितीय समुल्लास

❖

उद्देश्य

बड़े प्रयत्न, प्रीति और दृढ़ोत्साह से आर्यावर्त देश के परम हितकारक

सभा के उद्देश्यों को अपने तन-मन-धन से पूरा करने के लिए सर्वदा उद्यत रहो।

—ठाकुर नंदकिशोर को लिखे पत्र से उद्धृत
(मिति श्रावण शुक्ला 14, शुक्रे, संवत् 1940)

उन्नति

यूरोपियन अपनी स्वजाति की उन्नति के लिए तन-मन-धन व्यय करते हैं, आलस्य को छोड़कर उद्योग किया करते हैं। देखो, अपने देश के बने जूतों को ऑफिस और कचहरी में जाने देते हैं, इस देशी जूते को नहीं। इतने ही से समझ लो कि अपने देश के बने जूतों की भी कितनी मान-प्रतिष्ठा करते हैं, उतनी अन्य देशस्थ मनुष्यों की नहीं करते। कुछ सौ वर्ष से ऊपर इस देश में आए यूरोपियनों को हुए और आज तक ये लोग मोटे कपड़े आदि पहनते हैं, जैसे कि स्वेदश में पहनते हैं, परंतु उन्होंने अपने देश का चाल-चलन नहीं छोड़ा और तुममें से बहुत से लोगों ने उनकी नकल कर ली। इसी से तुम निर्बुद्धि और वे बुद्धिमान् रहते हैं। अनुकरण करना किसी बुद्धिमान् का काम नहीं और जो जिस काम पर रहता है, उसे यथोचित करता है। आज्ञानुवर्ती बराबर रहते हैं। अपने देशवालों को व्यापार आदि में सहायता देते हैं, इत्यादि गुणों और अच्छे-अच्छे कर्मों से उनकी उन्नति होती है।

—सत्यार्थ प्रकाश, एकादश समुल्लास

जब तक एक मत, एक हानि-लाभ और एक सुख-दुःख परस्पर न मानें, तब तक उन्नति होना बहुत कठिन है।

—सत्यार्थ प्रकाश, दशम समुल्लास

महाविद्वानों को विद्यासभाधिकारी, धार्मिक विद्वानों को धर्मसभा अधिकारी प्रशंसनीय धार्मिक पुरुषों को राजसभा के सभासद और जो उन सबमें सर्वोत्तम गुण, कर्म और स्वभावयुक्त महान् पुरुष हो, उसे राजसभा का प्रतिरूप मानकर सब प्रकार से उन्नति करें।

—सत्यार्थ प्रकाश, षष्ठम समुल्लास

❖

सभा के सभी कार्यों में स्थापित किया हुआ सभापति सत्य, न्याययुक्त धर्मकार्य से प्रजा के उत्साह की उन्नति करे।

—सत्यार्थ प्रकाश, यजुर्वेद भाष्य 7.36

❖

राजपुरुषों को चाहिए कि परमेश्वर के उपदेश और राजा की आज्ञा से सब श्रेष्ठ धर्मात्मा जनों को उत्साह दें, हँसी देनेवालों और भय देनेवालों को निवृत्त करें, अनेक सभाओं को बनाकर संपूर्ण व्यवस्था और शिल्पविद्या की उन्नति किया करें।

—सत्यार्थ प्रकाश, षष्ठम समुल्लास

❖

क्या बिना देश-देशांतर और द्वीप-द्वीपांतर में राज्य या व्यापार किए स्वदेस की उन्नति कभी हो सकती है? जब स्वदेश ही में स्वदेशी लोग व्यापार करें और परदेसी स्वदेस में व्यापार एवं राज्य करें तो बिना दारिद्र्य और दु:ख के दूसरा कुछ भी नहीं हो सकता।

—सत्यार्थ प्रकाश, दशम समुल्लास

❖

जो जनसभा, सेना और शाला के अधिकारी कुशल, चतुर आठ सभासदों, शत्रुओं का विनाश करनेवाले वीरों, गौ, बैल आदि पशुओं, मित्र,

धनी वाणिकजनों और खेती करनेवालों की अच्छी प्रकार रक्षा करके अन्न आदि ऐश्वर्य की उन्नति करते हैं, वे मनुष्यों में शिरोमणि अर्थात् उत्तम होते हैं।

—सत्यार्थ प्रकाश, ऋग्वेद भाष्य 1.126.5

❖

उपदेश

मनुष्य अपनी आत्मा और परमात्मा में स्थिर, अपेक्षा रहित, मद्य और मांसादि से वर्जित होकर आत्मा ही की सहायता से सुखार्थी होकर इस संसार में धर्म और विद्या के बढ़ाने में उपदेश के लिए सदा विचरता रहे।

—संस्कार विधि

❖

विद्वान् को चाहिए कि वैर-बुद्धि छोड़कर सब मनुष्यों और विद्यार्थियों को कल्याण के मार्ग का उपदेश करे और उपदेष्टा सदा मधुर, सुशीलतायुक्त वाणी बोले।

जो धर्म की उन्नति चाहे, वह सदैव सत्य के मार्ग पर चले और सदैव सत्य का ही उपदेश करे।

—सत्यार्थ प्रकाश, तृतीय समुल्लास

❖

राजा और प्रजाजनों को चाहिए कि विद्वानों की सभा में जाकर नित्य उपदेश सुनें।

—ऋग्वेद भाष्य 1.47.10

❖

अब इस बात का उपदेश किया जाएगा कि जो राजव्यवहार सभा के ही अधीन हो तो प्रजाजन किसलिए सभापति को अपना शासक स्वीकार करें।

—यजुर्वेद भाष्य

❖

धर्मसभा के अधिकृत लोगों के अधीन वर्तमान उपदेश देनेवाले लोगों को सत्य-असत्य का उपदेश देकर धर्मात्मा करें और उनके प्रश्नों को सुनकर समाधान करें। पृथ्वी आदि से क्षमा आदि गुणों को ग्रहण कर अन्य को भी ग्रहण कराकर, पाखंड का नाश और धर्म को प्राप्त कराकर सबको श्रेष्ठ करें।

—*ऋग्वेद भाष्य 3.54.19*

❖

उपदेशक

जो उपदेशक जैसे बल्ली नाव को किनारे तक पहुँचाती है, वैसे सब मनुष्यों को उपदेश के लिए प्राप्त होता या उपदेश करता हुआ पक्षी के समान भ्रमण करता है, उस सुमंगलाचरण करनेवाले के लिए कोई कांति भंग न हो अर्थात् किसी दूसरे तेज आपके आगे प्रबल न हो, इसलिए राजा को उपदेशकों की रक्षा करनी चाहिए।

—*ऋग्वेद भाष्य 2.42.1*

❖

उपासना

उपासना शब्द का वास्तविक अर्थ है—समीपस्थ होना, यानी निकटता को प्राप्त होना।

❖

जो उपासना का आरंभ करना चाहे तो उसके लिए यह आरंभ है कि वह किसी से वैर न रखे, सर्वदा सबसे प्रीति करे, सत्य बोले, मिथ्या कभी न बोले, चोरी न करे, सत्य व्यवहार करे, लंपट न हो, जितेंद्रिय हो और निरभिमान हो, अभिमान कभी न करे।

❖

जब उपासना करना चाहें, तब एकांत, शुद्ध देश में जाकर, आसन लगाकर, प्राणायाम कर, बाह्य विषयों से इंद्रियों को रोककर, मन को नाभिप्रदेश में या हृदय, कंठ, नेत्र, शिक्षा अथवा पीठ के मध्य हाड़ में किसी स्थान पर स्थिर कर अपनी आत्मा और परमात्मा का विवेचन करके परमात्मा में मगन हो जाने से संयमी हों।

—सत्यार्थ प्रकाश, सप्तम समुल्लास

❖

जैसे ईश्वर के गुण-कर्म-स्वभाव पवित्र हैं, वैसे अपने करना, ईश्वर को सर्वव्यापक, अपने को व्याप्य जानकर ईश्वर के समीप हम और हमारे समीप ईश्वर है, ऐसा निश्चय कर योगाभ्यास से परमात्मा का साक्षात् करना उपासना कहलाती है।

—सत्यार्थ प्रकाश, द्वितीय समुल्लास

❖

ऐश्वर्य

मनुष्यों को चाहिए कि परम उत्तम सेनाध्यक्ष और औषधिगण का आश्रय तथा युद्ध में प्रवृत्त कर उत्साह के साथ अपनी सेना को जोड़कर और शत्रुओं की सेना को पराजित कर चक्रवर्ती राज्य के ऐश्वर्य को प्राप्त हो।

—ऋग्वेद भाष्य 1.91.23

❖

कृतघ्नता

कृतघ्नता उसे कहते हैं, जिसमें किसी के किए हुए उपकार को नहीं माना जाता अर्थात् स्वीकार नहीं किया जाता।

—सत्यार्थ प्रकाश, द्वितीय समुल्लास

❖

कर

जैसे राजा और राजकर्मों के कर्ता राजपुरुष या प्रजाजन सुखफल से युक्त हों, राजा तथा राजसभा वैसा ही विचार करके राज्य में कर का स्थापन करे।

जैसे जोंक, बछड़ा और भौंरा थोड़ा-थोड़ा भोज्य पदार्थ ग्रहण करते हैं, वैसे ही राजा प्रजा से थोड़ा-थोड़ा वार्षिक कर ले।

—सत्यार्थ प्रकाश, षष्ठम समुल्लास

❖

जो राजपुरुष हम लोगों से कर लेते हैं, वे हमारी निरंतर रक्षा करें, अन्यथा कर न लें। हम भी उनको कर न दें। इस कारण प्रजा की रक्षा और दुष्टों के साथ युद्ध करने के लिए कर देना चाहिए, अन्य किसी प्रयोजन के लिए यह निश्चित नहीं है।

—यजुर्वेद भाष्य 9.17

❖

कृपा

हे महाराजाधिराज परंब्रह्म! अखंड चक्रवर्ती राज्य के लिए शौर्य, धैर्य, नीति, विनय, पराक्रम और बलादि उत्तम गुणयुक्त कृपा से हम लोगों को यथावत् पुष्ट करें।

—आर्याभिविनय

❖

कानून

ऐसा कानून राजा और प्रजा को मानना तथा चलाना चाहिए, जिससे द्यूत, चोरी, परस्त्रीगमन और मिथ्या साक्षी, बाल्यावस्था में विवाह और विद्या का लोप न होने पाए। फिर राजा और प्रजा उस कानून को धर्म माने और सभी उस पर चलें। फिर भी ऐसा कानून हो, जिससे लोक और

परलोक दोनों शुद्ध हों। वह कानून धर्म के कुछ भी विरुद्ध न हो, क्योंकि धर्म नाम है न्याय का और न्याय नाम है पक्षपात का छोड़ना—उनका ज्ञान मनुष्यों को यथावत् होना चाहिए।

—स्वामी दयानंद सरस्वती के पत्र एवं विज्ञापन से उद्धृत

कामना

इस संसार में अत्यंत कामात्मता और निष्कामता श्रेष्ठ नहीं हैं, क्योंकि वेदार्थज्ञान और वेदोक्तकर्म—ये सब भी कामना से ही सिद्ध होते हैं।

जो-जो हस्त, पाद, नेत्र, मन आदि चलाए जाते हैं, वे सब कामना से ही चलते हैं।

—सत्यार्थ प्रकाश, दशम समुल्लास

मनुष्यों को निश्चय ही जानना चाहिए कि निष्काम पुरुष में नेत्रों का संकोच विकास होना भी सर्वथा असंभव है। इससे यह सिद्ध होता है कि मनुष्य जो भी कुछ करता है, वह कामना के बिना नहीं है।

—सत्यार्थ प्रकाश, तृतीय समुल्लास

कारण

जब कोई वस्तु बनाई जाती है, तब जिन साधनों से अर्थात् ज्ञान, बल, दर्शन, हाथ और नाना प्रकार के साधन और दिशा, काल तथा आकाश साधारण कारण जैसे घड़े को बनानेवाला कुम्हार निमित्त, मिट्टी उपादान और दंड, चक्र आदि सामान्य निमित्त, काल दिशा, आकाश, प्रकाश, आँख, हाथ, ज्ञान, क्रिया आदि निमिन्त साधारण और निमित्त कारण भी

होते हैं। इन तीन कारणों के बिना कोई भी वस्तु न तो बन सकती है और न ही बिगड़ सकती है।

❖

जो कोई कारण के बिना सृष्टि की रचना मानता है, वह कुछ नहीं जानता। जब सृष्टि का समय आता है, तब परमात्मा उन परम सूक्ष्म पदार्थों को इकट्ठा करता है। उसकी प्रथम अवस्था में परम सूक्ष्म प्रकृति रूप कारण से स्थूल होता है।

❖

जो प्रथम संयोग से अन्य में मिलने और अपने में दूसरे को मिलानेवाला पदार्थ है, जो संयोग का आदि और बिना वियोग का अंत अर्थात् जिसका विभाग नहीं हो सकता, उसे कारण कहते हैं।

—सत्यार्थ प्रकाश, अष्टम समुल्लास

❖

कार्य

जो कार्य धार्मिक उत्तम मनुष्य से बनता है, वह धन से कभी नहीं बनता।

—बाबू विश्वेश्वर सिंह को लिखे पत्र से उद्धृत
(मिति भाद्र सुदी 2, संवत् 1940)

❖

कुकर्म

आपस की फूट, मतभेद, ब्रह्मचर्य का सेवन न करना, विद्या न पढ़ना-पढ़ाना व बाल्यावस्था में अस्वयंवर विवाह, विषयासक्ति, मिथ्या भाषणादि कुलक्षण, वेद विद्या का अप्रचार आदि कुकर्म हैं।

—सत्यार्थ प्रकाश, दशम समुल्लास

❖

गृहस्थ आश्रम

जो स्त्रियाँ गृहस्थ आश्रम में प्रवेश करना चाहें तो उन्हें सोलह वर्ष की आयु से चौबीस वर्ष की आयु के अंदर विवाह कर लेना चाहिए।

—सत्यार्थ प्रकाश, तृतीय समुल्लास

जब यथावत् ब्रह्मचर्य में आचार्यानुकूल बरतकर धर्म से चारों वेद, तीन या दो वेद अथवा एक वेद को सांगोपांग पढ़कर जिसका ब्रह्मचर्य खंडित न हुआ हो तो वह पुरुष या स्त्री गृहस्थ आश्रम में प्रवेश करे।

—सत्यार्थ प्रकाश, चतुर्थ समुल्लास

गृहस्थ आश्रम की दिनचर्या

गृहस्थ आश्रम में सदा स्त्री-पुरुष रात्रि 10 बजे शयन और रात्रि के पहले प्रहर या 4 बजे उठकर प्रथम हृदय में परमेश्वर का चिंतन करके फिर धर्म-अर्थ का चिंतन किया करें। धर्म-अर्थ के अनुष्ठान का उद्योग करने में यदि कभी भी पीड़ा हो तो भी धर्मयुक्त पुरुषार्थ को कभी न छोड़ें, किंतु सदा शरीर और आत्मा की रक्षा के लिए उपयुक्त आहार, विहार, औषधि सेवन और सुपथ्य आदि से निरंतर उद्योग करके व्यावहारिक और पारमार्थिक कर्तव्य कर्म करें, जिससे परमेश्वर की कृपादृष्टि और सहायता से महाकठिन कार्य भी सुगमता से सिद्ध हो सके।

—पंच महायज्ञ विधि

गृहस्थ व्यवहार

हे गृहस्थो! जिस कुल में भार्या पति से प्रसन्न और पति भार्या से प्रसन्न रहे, उस कुल में निश्चित कल्याण रहता है और यदि दोनों अप्रसन्न

रहें तो कुल में नित्य ही कलह का वास रहता है।

❖

यदि स्त्री पुरुष में रुचि न रखे या पुरुष को प्रहर्षित न करे तो अप्रसन्नता से पुरुष के शरीर में हर्ष कभी न होकर संतान नहीं होती और यदि होती भी है तो दुष्ट होती है।

❖

जो पुरुष स्त्री को प्रसन्न नहीं करता तो स्त्री के अप्रसन्न रहने से समस्त कुल अप्रसन्न और शोकातुर रहता है तथा जब स्त्री पुरुष से प्रसन्न रहती है, तब सबकुछ आनंदस्वरूप दिखाई देता है।

❖

जिस कुल में नारियों का सत्कार होता है, उस कुल में दिव्य गुण, दिव्य भोग और उत्तम संतान होती है और कुल में स्त्रियों का सत्कार नहीं होता है, वहाँ यह समझ लीजिए कि सब क्रिया निष्फल है।

❖

स्त्री को चाहिए कि वह सदा आनंदित होकर चतुराई से गृहस्थ कार्यों में संलग्न रहे और अन्न आदि के उत्तम संस्कार, पात्र, वस्त्र, गृह आदि के संस्कार तथा घर के भोजनादि में जितना नित्य धन आदि लगे, उसे यथायोग्य करने में सदा ही प्रसन्न रहे।

❖

हे पुरुषो! अपत्यों की उत्पत्ति, उत्पन्न का पालन करने आदि लोक व्यवहार को नित्य प्रति जो कि गृहस्थ आश्रम का कार्य होता है, उसका कार्य करनेवाली प्रत्यक्ष स्त्री है।

—संस्कार विधि, गृहस्थ आश्रम प्रकरण

❖

गुण

पदार्थों की अभिलाषा इच्छा, दु:ख (द्वेष) आदि की अनिच्छा, बैर (प्रयत्न), पुरुषार्थ (बल), आनंद (सुख), विलाप (दु:ख), अप्रसन्नता, विवेक (ज्ञान), पहचानना, ये न्याय वैशेषिक में तुल्य हैं, परंतु वैशेषिक प्राणवायु को बाहर से भीतर लेना, प्राण वायु को बाहर निकालना, आँख (निमेष) को मींचना, (उन्मेष) आँख को खोलना, (मन) निश्चय, स्मरण और अहंकार करना, (गति) चलना, (इंद्रिय) सब इंद्रियों को चलाना, (अंत:विकार) भिन्न-भिन्न क्षुधा, तृष्णा हर्ष शोकादि से युक्त होना, ये जीवात्मा के गुण परमात्मा से भिन्न हैं। जब तक आत्मा शरीर में होती है, तभी तक ये गुण प्रकाशित रहते हैं और जब शरीर त्यागकर आत्मा चली जाती है, तब ये गुण शरीर में नहीं रहते। जिसके होने से जो हो और न होने से न हो, वे गुण उसी के होते हैं।

—सत्यार्थ प्रकाश, सप्तम समुल्लास

गोदान

जो स्वधर्म अर्थात् आचार्य और शिष्य का यथावत् धर्म है, उससे युक्त पिता या अध्यापक से ब्रह्मदाय अर्थात् विद्या रूप भाग को ग्रहण करनेवाला शिष्य माला ग्रहण किए हुए पलंग पर बैठे अपने आचार्य का प्रथम गोदान से सत्कार करे।

—सत्यार्थ प्रकाश, चतुर्थ समुल्लास

छल

कोई शत्रु अपने छिद्र (निर्बलता) को न जान सके और स्वयं शत्रु के छिद्रों को जानता रहे। जैसे कछुआ अपने अंगों को गुप्त रखता है, वैसे ही शत्रु के प्रवेश करने के छिद्र को गुप्त रखे। जैसे बगुला ध्यानावस्थित

होकर मछली पकड़ने के लिए ताकता रहता है, वैसे ही अर्थ संग्रह का विचार किया करें। द्रव्यादि पदार्थ और बल की वृद्धि कर शत्रु को जीतने के लिए सिंह के समान पराक्रम करे, चीते के समान छिपकर शत्रुओं को पकड़े और समीप में आए बलवान् शत्रुओं से सरसा के समान दूर भाग जाए, फिर तत्पश्चात् उन्हें छल से पकड़े।

—सत्यार्थ प्रकाश, षष्ठम समुल्लास

❖

छल उसे कहते हैं, जिसमें बाहर और भीतर दूसरे को मोह में डालकर और दूसरे की हानि पर ध्यान न देकर स्वप्रयोजन सिद्ध किया जाता है।

—सत्यार्थ प्रकाश, द्वितीय समुल्लास

❖

छेदन

जो जिस प्रकार जिस भी अंग से मनुष्यों के विरुद्ध चेष्टा करता है, उस अंग का सब मनुष्यों की शिक्षा के लिए राजा छेदन कर दे।

—सत्यार्थ प्रकाश, षष्ठम समुल्लास

❖

त्याग

जो-जो हमारे धर्मयुक्त कर्म हैं, उन्हें ग्रहण करो और जो-जो दुष्ट कर्म हैं, उनका त्याग करो।

—सत्यार्थ प्रकाश, द्वितीय समुल्लास

❖

राजा आदि पुरुषों को चाहिए कि बुद्धि का नाश करनेवाले अन्न आदि का त्याग करना और धर्म से प्रजा का पालन करके विषयों में आसक्ति

का त्याग कर आनंद करना चाहिए।

—ऋग्वेद भाष्य 3.54.24

❖

जीव

विद्यमान जीव का अभाव नहीं हो सकता। देह भस्म हो जाती है, परंतु जीव नहीं। जीव तो दूसरे शरीर में चला जाता है।

जब जीव शरीर धारण करता है, तब प्रसिद्ध और जब शरीर से पृथक् होता है, तब अप्रसिद्ध रहता है।

जीव है, परंतु कहने योग्य नहीं।

जीव के बिना दूसरे चेतनतत्त्व ईश्वर को नहीं मानते।

जब पाँचों इंद्रियों का पाँचों विषयों के साथ संबंध होता है, तभी जीव को सुख या दुःख की प्राप्ति होती है।

—सत्यार्थ प्रकाश, द्वादश समुल्लास

❖

जो इच्छा-द्वेष, सुख-दुःख और ज्ञानादि गुणयुक्त, अल्पज्ञ और नित्य है, उसी को जीव मानता हूँ।

—स्वमंतव्यामंतव्य प्रकाश

❖

तीर्थ

जिससे दुःखसागर से पार उतरें कि जो सत्यभाषण, विद्या, सत्संग यमादि पालनरूप, योगाभ्यास, पुरुषार्थ, विद्या, दानादि शुभ कर्म हैं, उसी को तीर्थ समझना चाहिए, इतर जल-स्थलादि को नहीं।

—स्वमंतव्यामंतव्य प्रकाश

❖

दया

दूसरों के दुःखों को छुड़ाना ही दया कहलाती है। जिसने जैसा बुरा कर्म किया है, उसको उतना और वैसा ही दंड देना चाहिए, यही न्याय है और जो अपराधी को दंड न दिया जाए तो दया का नाश हो जाए।

—सत्यार्थ प्रकाश, सप्तम समुल्लास

❖

दंड

राजपुरुषों का यह कार्य है कि जो हानिकारक पशु या मनुष्य हैं, उन्हें दंड दें अथवा प्राण से विमुक्त कर दें।

—सत्यार्थ प्रकाश, दशम समुल्लास

❖

दंड देने का प्रयोजन यह है कि मनुष्य अपराध करने से विमुख होकर दुःखों को प्राप्त न हो।

—सत्यार्थ प्रकाश, सप्तम समुल्लास

❖

बिना दंड के सब वर्ण दूषित और सब मर्यादा छिन्न-भिन्न हो जाएँ। दंड के यथावत् न होने से सब लोगों का प्रकोप हो जाए।

❖

जब दंड बड़ा तेजोमय है, उसे अविद्वान्, अधर्मात्मा धारण नहीं कर सकता, तब दंड धर्म से रहित कुटुंब सहित राजा ही का नाश कर देता है।

❖

सभापतिरूपी राजा आदि प्रधान पुरुष हैं, वे सब सभा वेदानुकूल होकर प्रजा के साथ पिता के समान बरतें। उस राजकार्य में विविध प्रकार के अध्यक्षों की सभा नियत करें। इनका यही काम है कि जिस काम में

जितने राजपुरुष हों, वे नियमानुसार बरतकर यथावत् कार्य करते हैं या नहीं। जो यथावत् करें तो उनका सत्कार करें और जो विरुद्ध करें, उनको यथावत् दंडित करें।

—सत्यार्थ प्रकाश, षष्ठम समुल्लास

राजा व प्रजाजन कभी अधर्म के कार्यों को न करें, जो कोई किसी प्रकार का अपराध करे तो अपराध के अनुकूल प्रजा राजा को और राजा प्रजा को दंड दे, किंतु कभी अपराधी को दंड दिए बिना न छोड़ें और निरपराधी को निष्प्रयोजन पीड़ा न दें। इस प्रकार सब न्यायमार्ग से धर्माचरण करते हुए अपने-अपने कार्यों के चितवन में रहें, जिससे अधिक मित्र, थोड़े प्रीति रखनेवाले और शत्रु न हों और विद्या तथा धर्म के मार्गों का प्रचार करते हुए सब लोग ईश्वर की भक्ति में परायण होकर सदा सुखी रहें।

—यजुर्वेद भाष्य 8/23

चाहे पिता, आचार्य, मित्र, स्त्री, पुत्र और पुरोहित क्यों न हो, जो स्वधर्म में स्थित नहीं रहता, वह राजा अदंड्य नहीं होता, अर्थात् जब राजा न्यायासन पर बैठकर न्याय करे, तब किसी का पक्षपात न करे, बल्कि यथोचित दंड दे।

जिस अपराध में साधारण मनुष्य को एक पैसा दंड हो, उसी अपराध में राजा को सहस्र गुणा दंड होना चाहिए। मंत्री अर्थात् राजा के दीवान को आठ सौ गुणा और उससे न्यून को छह सौ गुणा और उससे भी न्यून को पाँच सौ गुणा, इसी प्रकार उत्तर अर्थात् जो छोटे-से-छोटा भृत्य अर्थात् चपरासी है, उसे आठ गुणा दंड से कम नहीं होना चाहिए, क्योंकि यदि

प्रजापुरुषों से राजपुरुषों को अधिक दंड न हो तो राजपुरुष प्रजापुरुषों का नाश कर देंगे। जैसे सिंह अधिक और बकरी थोड़े दंड से ही वश में आ जाती है। अत: राजा से लेकर छोटे-से-छोटे भृत्यपर्यंत राजपुरुषों को अपराध में प्रजापुरुषों से अधिक दंड होना चाहिए।

—सत्यार्थ प्रकाश, षष्ठम समुल्लास

❖

अपराध में प्रजा से राजपुरुषों पर अधिक दंड होना चाहिए, क्योंकि बकरी के प्रमाद को रोकने से सिंह का प्रमाद रोकने में अधिक प्रयत्न होना उचित है।

—स्वामी दयानंद सरस्वती के पत्र एवं विज्ञापन से उद्धृत

❖

जो स्त्री अपनी जाति-गुण के घमंड से पति को छोड़कर व्यभिचार करे, उसको बहुत स्त्री और पुरुषों के सामने जीवित ही कुत्तों से कटवाकर राजा उसे मरवा दे, इसी प्रकार यदि कोई पुरुष अपनी स्त्री को छोड़कर परस्त्री या वेश्यागमन करे तो उस पापी को लोहे के पलंग को तपाकर, लाल कर, उस पर सुलाकर जीवित को ही बहुत पुरुषों के सम्मुख भस्म कर दे।

—सत्यार्थ प्रकाश, षष्ठम समुल्लास

❖

यदि अपराधी को दंड न दिया जाए तो दया का नाश हो जाए, क्योंकि एक अपराधी डाकू को छोड़ देने से सहस्रों, धर्मात्मा पुरुषों को दु:ख होता है। जब एक के छोड़ने से सहस्रों पुरुषों को दु:ख पहुँचता है तो वह दया किस प्रकार हो सकती है।

❖

दुःख

जब आर्यों का राज्य था, तब महोपकारक गाय आदि पशु नहीं मारे जाते थे, तभी आर्यावर्त या अन्य देशों में बड़े आनंद से मनुष्यादि प्राणी बसते थे, क्योंकि दूध, घी और बैल आदि पशुओं की बहुतायत होने से अन्न-रस पुष्कल (भरपूर) प्राप्त होते थे। जब से विदेशी मांसाहारी इस देश में आकर गौ आदि पशुओं को मारनेवाले मद्यपी राज्याधिकारी हुए हैं, तब से आर्यों के दुःख में वृद्धि हो रही है।

—सत्यार्थ प्रकाश, दशम समुल्लास

❖

राजाओं का प्रजा-पालन करना ही परम धर्म है और जो मनुस्मृति के सप्तम अध्याय में कर लेना लिखा है और जैसी सभा नियत करे, उसका भोक्ता राजा धर्म से युक्त होकर वैसा ही सुख पाता है, अन्यथा दुःख ही प्राप्त होता है।

—सत्यार्थ प्रकाश, षष्ठम समुल्लास

❖

दूत

दूत उसे कहते हैं, जो फूट में मेल और मिले हुए दुष्टों को तोड़-फोड़ दे। दूत वह कर्म करे, जिससे शत्रुओं में फूट पड़े। वह सभापति और सब सभासदों या दूत आदि से दूसरे विरोधी राजा के राज्य का अभिप्राय जानकर वैसा प्रयत्न करे, जिससे अपने देश को पीड़ा न हो।

जो प्रशंसित कुल में उत्पन्न चतुर, पवित्र हाव-भाव और चेष्टा से हृदय में और भविष्य में होनेवाली बात को जाननेवाला, सब शास्त्रों में विशारद् और चतुर है, उसे अपना दूत रखें।

—सत्यार्थ प्रकाश, षष्ठम समुल्लास

❖

दूषित

जो बुद्धि का नाश करनेवाले पदार्थ है, उनका सेवन कभी न करें और जितने अन्न सड़े-बिगड़े दुर्गंधादि से युक्त व दूषित, अच्छे प्रकार से न बने हुए और मद्ययी-मांसाहारी, म्लेच्छ और जिसका शरीर मद्य-मांस के परमाणुओं से दूषित हो, उनके हाथ का बना खाना न खाएँ।

—सत्यार्थ प्रकाश, दशम समुल्लास

❖

दोष

जो परमेश्वर ही के वचन से परमेश्वर सिद्ध होता है तो अनादि ईश्वर से अनादि शास्त्र की सिद्धि और अनादि शास्त्र से अनादि ईश्वर की सिद्धि पर अन्योन्याश्रय दोष आता है।

❖

उस शास्त्र और परमेश्वर की सिद्धि के लिए कोई तीसरा प्रमाण होना चाहिए, जो ऐसा न मानोगे तो अनावस्था दोष आएगा।

❖

जैसे कार्य से कारण का ज्ञान और कारण से कार्य का बोध होता है, कार्य में कारण का स्वभाव और कारण में कार्य का स्वभाव नित्य है, वैसे ही परमेश्वर और परमेश्वर के अनंत विद्यादि गुण नित्य होने से ईश्वर प्रणीत वेद में अनावस्था दोष नहीं आता।

—सत्यार्थ प्रकाश, द्वादश समुल्लास

❖

धर्म

मनुष्य के योग्य है कि काम से अर्थात् झूठ से सिद्धि होने के कारण या निंदा स्तुति आदि के भय से धर्म का त्याग कभी न करें और न लोभ से,

चाहे झूठ और अधर्म से चक्रवर्ती राज्य भी मिलता हो, तथापि धर्म को छोड़कर चक्रवर्ती राज्य को भी ग्रहण न करें। चाहे भोजन, छाजन, जलपान आदि की जीविका भी अधर्म हो या उसके लिए प्राण जाते हों, परंतु जीविका के लिए भी धर्म को कभी न छोड़ें, क्योंकि जीव और धर्म नित्य हैं।

—संस्कार विधि, गृहस्थाश्रम प्रकरण

❖

जैसे सारथी घोड़े को रोककर शुद्ध मार्ग में चलाता है, उसी प्रकार मनुष्य इंद्रियों को वश में करके स्वयं को अधर्म के मार्ग से हटाकर धर्म के मार्ग में सदा प्रवृत्त करें।

—सत्यार्थ प्रकाश, दशम समुल्लास

❖

मैंने तो समस्त सांसारिक बंधन तोड़ दिए हैं। मेरे लिए मनुष्य का मरना-जीना एक समान है। मुझे तो किसी के जन्म-मरण पर हर्ष-शोक कुछ नहीं होता। मेरा तो मनुष्य मात्र से केवल एक धर्म का संबंध रह गया है।

—रायपुर में उपदेश देते हुए

❖

स्त्री और पुरुष को चाहिए कि जैसे पुत्तिका अर्थात् दीमक वल्मीक अर्थात् बाँबी को शनैः-शनैः बनाती है, वैसे सब भूतों को पीड़ा न देकर परलोक अर्थात् परजन्म के सुखार्थ धीरे-धीरे धर्म का संचय करें।

❖

परलोक में न माता, न पिता, न पुत्र, न पुत्री, न जाति सहायता कर सकते हैं, अपितु एक धर्म ही सहायक होता है।

❖

जब किसी का कोई संबंधी मर जाता है, तब बंधुवर्ग उसे लक्कड़, मिट्टी के ढेले के समान भूमि पर छोड़कर, पीठ करके, विमुख होकर चले जाते हैं, कोई उसके साथ जानेवाला नहीं होता, किंतु एक धर्म ही उसका संगी होता है।

—सत्यार्थ प्रकाश, चतुर्थ समुल्लास

❖

मरा हुआ धर्म मारनेवाले का नाश और रक्षित किया हुआ धर्म रक्षक की रक्षा करता है। अत: धर्म का हनन कभी न करना, इस डर से कि मारा हुआ धर्म कभी हमें न मार डाले।

❖

जो सब ऐश्वर्यों को देने और सुखों की वर्षा करनेवाला धर्म है, उसका जो लोप करता है, उसी को विद्वान् लोग वृषल अर्थात् शूद्र और नीच जानते हैं, इसीलिए किसी मनुष्य को धर्म का लोप करना उचित नहीं।

❖

इस संसार में एक धर्म ही सुहृद् है, जो मृत्यु के पश्चात् भी साथ चलता है और सब पदार्थ या संगी शरीर के साथ ही नाश को प्राप्त होते हैं अर्थात् सबका संग छूट जाता है, परंतु धर्म का संग कभी नहीं छूटता।

—सत्यार्थ प्रकाश, षष्ठम समुल्लास

❖

मनुष्यों को सदा इस बात का ध्यान रखना चाहिए कि राग-द्वेषरहित विद्वान् लोग जिसका नित्य सेवन करें, जिसे हृदय अर्थात् आत्मा से सत्य कर्तव्य जानें, वही धर्म माननीय और करणीय है।

❖

श्रुति वेद और स्मृति धर्मशास्त्र को कहते हैं, इनसे सब कर्तव्याकर्तव्य

का निश्चय करना चाहिए, क्योंकि उन दोनों से ही धर्म का प्रकाश हुआ है।

वेद, स्मृति, सत्पुरुषों का आचार और अपनी आत्मा के ज्ञान से अविरुद्ध प्रियाचरण, ये धर्म के चार लक्षण हैं अर्थात् इन्हीं से धर्म लक्षित होता है।

जो द्रव्यों के लोभ और काम अर्थात् विषय-सेवन में नहीं फँसा होता, उसी को धर्म का ज्ञान होता है।

—सत्यार्थ प्रकाश, दशम समुल्लास

❖

मांसभक्षण करने, मदिरा पीने, पर-स्त्रीगमन करने आदि में दोष नहीं है, यह कहना छोकरापना है, क्योंकि प्राणियों को बिना पीड़ा दिए मांस नहीं प्राप्त होता और बिना अपराध के पीड़ा देना धर्म का काम नहीं होता है।

—सत्यार्थ प्रकाश, एकादश समुल्लास

❖

जो गुणों की अधिकता होने से सार्वभौम सभाध्यक्ष धर्म से सबको शिक्षा देकर धर्म के नियमों में स्थापन करता है, उसी का सब मनुष्यों को व्यवहार करना चाहिए।

—ऋग्वेद भाष्य 1.54.2

❖

जिसे भृत्य सहित देखते हुए राजा के राज्य में से डाकू लोग रोती-विलाप करती प्रजा के पदार्थ और प्राणों को हरते रहते हैं, वह जानो भृत्य अमात्य सहित मृतक है, जीवित नहीं और महा दुःख को पानेवाला है। अतः राजाओं का बाह्य और आंतरिक शत्रुओं से प्रजा का पालन करना ही परम धर्म है।

—सत्यार्थ प्रकाश, षष्ठम समुल्लास

❖

मनुष्यों को चाहिए कि अधर्म के छोड़ने और धर्म को ग्रहण करने के लिए सत्य प्रेम से प्रार्थना करें, क्योंकि प्रार्थना किया हुआ परमात्मा शीघ्र अधर्म से छुड़ाकर धर्म ही में प्रवृत्त कर देता है, परंतु सब मनुष्यों को यह करना आवश्यक है कि जब तक जीवन है, तब तक धर्माचरण ही में रहकर संसार या मोक्षरूपी सुखों का सब प्रकार से आचरण करें।

—यजुर्वेद भाष्य 12.102

❖

जो मनुष्य ईश्वर की आज्ञा किए हुए धर्म का आचरण करते हैं और निषेध किए हुए धर्म का आचरण नहीं करते, वे सुख को प्राप्त होते हैं।

—ऋग्वेद भाष्य 1.72.7

❖

जो पक्षपात रहित न्याय, सत्य का ग्रहण, असत्य का सर्वथा परित्याग आदि आचरण है, उसी का नाम धर्म है।

—सत्यार्थ प्रकाश, तृतीय समुल्लास

❖

हे राजा! जैसे पुत्र पिता की सेवा करता है, वैसे ही वृद्ध, विद्वानों की सेवा करो।

—ऋग्वेद भाष्य 3.53.2

❖

सब मनुष्यों को ईश्वर की प्रार्थना इस प्रकार करनी चाहिए—हे जगदीश्वर! आप कृपा करके अधर्म मार्ग से हम लोगों को अलग कर धर्म-मार्ग पर नित्य चलाइए तथा विद्वान् से पूछना व उसका पालन करना चाहिए कि हे विद्वान्! आप हम लोगों को शुद्ध-सरल वेद विद्या से सिद्ध

मार्ग पर सदा चलाया कीजिए।

—ऋग्वेद भाष्य 1.42.7

धर्म-अधर्म

सकल सृष्टि की उत्पत्ति और पालन करनेवाला सर्वव्यापक, सर्वज्ञ, न्यायकारी, अद्वितीय स्वामी परमात्मा, सत्य और अनृत भिन्न स्वरूपवाले धर्म और अधर्म को अपनी सर्वज्ञता से यथावत् देखकर भिन्न निश्चित करता है। मिथ्या भाषणादि अधर्म में अप्रीति करो और वहीं परमात्मा सत्य भाषणादि न्याय पक्षपात रहित धर्म में तुम्हारी प्रीति को धारण कराता है, वैसा ही तुम करो।

—संस्कार विधि, गृहस्थाश्रम प्रकरण

जो पक्षपात रहित, न्यायाचरण, सत्यभाषणादि ईश्वराज्ञा वेदों के अविरुद्ध है, उसे धर्म और जो पक्षपात सहित, अन्यायाचरण, मिथ्या भाषणादि ईश्वराज्ञाभंग वेद विरुद्ध है, उसे मैं अधर्म मानता हूँ।

—स्वमंतव्यामंतव्य प्रकाश

ईश्वर की आज्ञा का पालन करना धर्म और उसकी आज्ञा को तोड़ना अधर्म है।

जो ईश्वर धर्म-अधर्म को न बताए तो धर्माधर्म के स्वरूप का ज्ञान किसी को भी न हो। जो आत्मा के अनुकूल आचरण करते हैं और प्रतिकूलाचरण को छोड़ देते हैं, वे धर्म-अधर्म के बोध से युक्त होते हैं, इतर नहीं।

—ऋग्वेद भाष्य 1.72.7

धीर पुरुष

सब मनुष्यों को यह निश्चय ही जानना चाहिए कि चाहे सांसारिक अपने प्रयोजन को नीति में बरतते हुए हारें, चतुर पुरुष निंदा करें या स्तुति करें, लक्ष्मी प्राप्त हो या नष्ट हो, आज ही मरण हो या वर्षांतर में मृत्यु प्राप्त हो, तथापि जो मनुष्य धर्मयुक्त मार्ग से एक पग भी विरुद्ध नहीं चलते, वे धीर पुरुष धन्य हैं।

—संस्कार विधि, गृहस्थाश्रम प्रकरण

❖

न्याय

जैसी राजनीतिक विद्या राजा की हो, वैसी ही विद्या उसकी रानी भी पढ़ी होनी चाहिए। स्त्रियों का न्याय रानी और पुरुषों का न्याय राजा करे।

—यजुर्वेद भाष्य 13.16

❖

जिसने जैसा और जितना बुरा कर्म किया हो, उसे उतना ही और वैसा ही दंड मिलना चाहिए। उसी का नाम न्याय है।

—सत्यार्थ प्रकाश, सप्तम समुल्लास

जो प्रजा का न्याय करता है, उसे वह व्यवहार मनुस्मृति के अष्टम-नवम अध्याय आदि की रीति से करना चाहिए।

—सत्यार्थ प्रकाश, षष्ठम समुल्लास

❖

न्यायाधीश

जो सदा विचारकर, असत्य को छोड़ सत्य को ग्रहण करे, अन्यायकारियों को हटाए और न्यायकारियों को बढ़ाए तथा अपनी आत्मा

के समान सुख चाहे, वही सच्चा न्यायाधीश है।

—स्वमंतव्यामंतव्य प्रकाश

❖

हम लोगों को जो कि वेदों से परिपूर्ण विज्ञानरत ऐश्वर्ययुक्त और यथायोग्य न्याय करनेवाला सभाध्यक्ष या सेनापति विद्वान् है, उसी को न्यायाधीश मानना चाहिए।

—स्वमंतव्यामंतव्य प्रकाश

❖

हम लोगों को, जो कि वेदों से परिपूर्ण, विज्ञानरत, ऐश्वर्ययुक्त और यथायोग्य न्याय करनेवाला सभाध्यक्ष या सेनापति विद्वान् है, उसी को न्यायाधीश मानना चाहिए।

—ऋग्वेद भाष्य 1.30.5

❖

नाश

संपूर्ण श्रेष्ठ सभासद विद्वज्जनों को चाहिए कि संपूर्ण शास्त्रों में निपुण, उत्तम गुण-कर्म और स्वभाववाले, राजधर्म में चतुर व उत्तम कुलयुक्त अत्यंत ऐश्वर्यवान् पुरुष को सबका राजा बनाएँ, जो राज्य की निरंतर रक्षा करके चोरादि का नाश करे।

—ऋग्वेद भाष्य 3.48.5

❖

नित्य

जिन पदार्थों की उत्पत्ति और विनाश का कारण देखने में आता है, वे सब नित्य कैसे हो सकते हैं, क्योंकि सब स्थूल जगत् तथा शरीर, घट-पटादि पदार्थ उत्पन्न और विनष्ट होते दिखते हैं, इससे कार्य को नित्य नहीं मान सकते।

—सत्यार्थ प्रकाश, अष्टम समुल्लास

जो कार्य रूप पृथ्वी आदि पदार्थ और उनमें रूप, रस, गंध, स्पर्श गुण हैं, ये सब कार्य द्रव्यों के अनित्य होने से अनित्य हैं और जो इनके कारण पृथ्वी आदि नित्य द्रव्यों में गंधादि गुण हैं, वे नित्य हैं।

—सत्यार्थ प्रकाश, तृतीय समुल्लास

❖

नियम

जो नियम राजा और प्रजा के सुखकारक तथा धर्मयुक्त समझें, उन नियमों को पूर्ण विद्वानों की राजसभा नियत करे।

—सत्यार्थ प्रकाश, षष्ठम समुल्लास

❖

जो नियम शास्त्रोक्त न पाएँ और उनके होने की आवश्यकता जानें तो उत्तमोत्तम नियम नियत करें, जिससे राजा और प्रजा की उन्नति हो।

—सत्यार्थ प्रकाश, षष्ठम समुल्लास

❖

नियंत्रण

योद्धा लोग सेनाध्यक्ष की सहायता और रक्षा से ही शत्रुओं को जीत सकते हैं और उनके मार्गों को रोक सकते हैं। इन अध्यक्षादि राजपुरुषों को चाहिए कि जिस दिशा में शत्रु उपस्थित हों, वहीं जाकर उन्हें नियंत्रण में करें।

—यजुर्वेद भाष्य 9.13

❖

जब तक मनुष्य धार्मिक रहते हैं, तभी तक राज्य बढ़ता है। जब दुष्टाचारी होते हैं, तब राज्य नष्ट-भ्रष्ट हो जाता है। अतः राज्य में जो परिपंथी अर्थात् डाकू-लुटेरे हों, उन्हें मिला लेना, कुछ देकर तोड़-फोड़कर

नियंत्रण में करे और जो इनसे नियंत्रण में न हो तो अति कठोर दंड से नियंत्रण में करें।

—सत्यार्थ प्रकाश, षष्ठम समुल्लास

❖

नियुक्त

जितने मनुष्यों से राजकार्य सिद्ध हो सके, उतने आलस्य रहित बलवान् और बड़े-बड़े चतुर प्रधान पुरुषों को अधिकारी नियुक्त करें। इनके अधीन शूरवीर, बलवान्, कुलोत्पन्न पवित्र भृत्यों को बड़े-बड़े कर्मों में और भीरु, डरनेवालों को भीतर के कर्मों में नियुक्त करें।

—सत्यार्थ प्रकाश, षष्ठम समुल्लास

❖

नीति

जो राजपुरुष अन्याय से वादी-प्रतिवादी से गुप्त धन लेकर पक्षपात से अन्याय करे, उसका सर्वस्व हरण करके यथायोग्य दंड देकर ऐसे देश में रखें कि जहाँ से पुनः लौटकर न आ सके। यदि ऐसे लोगों को दंड न दिया जाए तो उन्हें देखकर अन्य राजपुरुष भी ऐसे दुष्ट कर्म करेंगे और दंड दिया जाए तो बचे रहेंगे, परंतु जितने से उन राजपुरुषों का योगक्षेम भलीभाँति हो और वे भलीभाँति धनाढ्य भी हों, उतना धन या भूमि राज्य की ओर से मासिक या वार्षिक अथवा एक बार मिले और जो वृद्ध हों, उनको भी आधा मिले, परंतु यह ध्यान में रखें कि वे जब तक जीवित रहें, तब तक जीविका बनी रहे। तत्पश्चात् नहीं, परंतु इनकी संतानों का सत्कार व नौकरी उनके गुण के अनुसार अवश्य दें। जिसके बालक जब तक समर्थ हों और उनकी स्त्री जीवित हो तो उन सबके निर्वाहार्थ राज्य की ओर से यथायोग्य धन मिले, परंतु जो उसकी स्त्री या लड़के कुकर्मी हो जाएँ तो कुछ भी न मिले। ऐसी नीति राजा बराबर रखे।

—सत्यार्थ प्रकाश, षष्ठम समुल्लास

पंडित

जिसके मन को उत्तम-से-उत्तम पदार्थ अर्थात् विषय संबंधी वस्तु आकर्षित न कर सके, वही पंडित कहलाता है।

❖

सदा धर्मयुक्त कर्मों का पालन और अधर्मयुक्त कर्मों का त्याग, ईश्वर, वेद, सत्याचार की निंदा न करके ईश्वर आदि में अत्यंत श्रद्धालु होना, यही पंडित का कर्तव्याकर्तव्य कर्म है।

❖

जो कठिन विषय को भी शीघ्र जान सके, बहुत कालपर्यंत शास्त्रों को पढ़े, सुने और विचारे, जो कुछ जाने, उसे परोपकार में प्रयुक्त करे, अपने स्वार्थ के लिए कोई काम न करे, बिना पूछे या बिना योग्य समय जाने दूसरे के अर्थ में सम्मति न दे, यही प्रथम प्रज्ञान पंडित का होना चाहिए।

❖

जो प्राप्ति के अयोग्य की इच्छा कभी न करे, नष्ट हुए पदार्थों पर शोक न करे, आपातकाल में मोह को प्राप्त अर्थात् व्याकुल न हो, वही बुद्धिमान् पंडित है।

❖

जिसकी वाणी सब विद्याओं और प्रश्नोत्तरों के करने में अतिनिपुण, जो शास्त्रों के प्रकरणों का विचित्र वक्ता, जो यथायोग्य तर्क कर्ता, स्मृतिमान् और ग्रंथों के यथार्थ अर्थ का शीघ्र वक्ता हो, वही पंडित कहलाता है।

❖

जिसकी प्रज्ञा को सुने हुए सत्य अर्थ के अनुकूल और जिसका श्रवण बुद्धि के अनुसार, जो कभी आर्य अर्थात् श्रेष्ठ धार्मिक पुरुषों की मर्यादा

का छेदन न करे, वही पंडित की संज्ञा को प्राप्त होता है।

—सत्यार्थ प्रकाश, चतुर्थ समुल्लास

पक्षपात

सब सभाओं के अधिष्ठाता सहित सभी सभासद उस पुरुष को राज्य का अधिकार दें, जो पक्षपात न करता हो।

—यजुर्वेद भाष्य 17.24

परम धर्म

अपने आर्यावर्त देश को सुधारने में अत्यंत श्रद्धा-प्रेम और भक्ति होनी चाहिए। सभी को अपने समान जानकर उनके क्लेशों के काटने और सुखों को बढ़ाने के लिए प्रयत्न और उपाय करना उचित है।

—महाशय माधोलाल को लिखे पत्र से उद्धृत
(शनिवार, 1879)

वेद सब विद्याओं की पुस्तक हैं। वेदों को पढ़ना-पढ़ाना और सुनना तथा सुनाना सब आर्यों का परम धर्म है।

—आर्यसमाज के नियमों में उल्लिखित तृतीय नियम

राजाओं का प्रजा पालन ही परम धर्म है।

—सत्यार्थ प्रकाश, षष्ठम समुल्लास

परमात्मा

हे मनुष्य! जिससे यह विविध सृष्टि प्रकाशित हुई है, जो इसका धारण और प्रलय करता है, जो इस जगत् का स्वामी है, जिस व्यापक में

यह सब जगत् उत्पत्ति, स्थिति और प्रलय को प्राप्त होता है, बस वही परमात्मा है।

जिस परमात्मा की रचना से ये पृथ्वी आदि सब भूत उत्पन्न होते हैं, जिससे जीव जीते और जिससे प्रलय को प्राप्त होते हैं, वह ब्रह्म है। उसे जानने की इच्छा करो।

हे मनुष्यो! जो सूर्यादि सब तेजस्वी पदार्थों का आधार है और जो यह जगत् हुआ था, है और होगा, उसका एक अद्वितीय परमात्मा इस जगत् की उत्पत्ति से पूर्व विद्यमान था और जिसने पृथ्वी से लेकर सूर्यपर्यंत जगत् को उत्पन्न किया है, उस परमात्मा की प्रेम से भक्ति किया करो।

—सत्यार्थ प्रकाश, अष्टम समुल्लास

❖

पराधीन

हे महाराजाधिराज परब्रह्म! अन्य देशवासी राजा हमारे देश में कभी न हों तथा हम कभी पराधीन न हों।

—आर्याभिविनय, आठवाँ संस्करण

❖

प्रमाद

सदा सत्य बोलो। धर्माचरण करो। प्रमादरहित होकर पढ़ो और पढ़ाओ। पूर्ण ब्रह्मचर्य से समस्त विद्याओं को ग्रहण करो और आचार्य के लिए प्रिय धन देकर विवाह कर संतानोत्पत्ति करो। प्रमाद से सत्य को कभी मत छोड़ो। प्रमाद से धर्म का त्याग मत करो। प्रमाद से आरोग्य और चतुराई को मत छोड़ो। प्रमाद से उत्तम ऐश्वर्य की वृद्धि को मत छोड़ो। प्रमाद से पढ़ने-पढ़ाने को भी मत छोड़ो।

—सत्यार्थ प्रकाश, तृतीय समुल्लास

❖

प्रमाण

जो आप्त अर्थात् पूर्ण विद्वान्, धर्मात्मा, परोपकारप्रिय, सत्यवादी, पुरुषार्थी, जितेंद्रिय पुरुष जैसा अपनी आत्मा में जानता हो और जिससे सुख पाया हो, उसी के कथन की इच्छा से प्रेरित सब मनुष्यों के कल्याणार्थ उपदेष्टा हो, अर्थात् जितने पृथ्वी से लेकर परमेश्वरपर्यंत पदार्थों का ज्ञान प्राप्त होकर उपदेष्टा होता है, जो ऐसे पुरुष और पूर्ण आप्त परमेश्वर के वेद हैं, उन्हीं को प्रमाण जानो।

—सत्यार्थ प्रकाश, तृतीय समुल्लास

❖

प्रकृति

(सत्त्व) शुद्ध, (रजः) मध्य, तम् (जाड्य) अर्थात् जड़ता—तीन वस्तु मिलकर जो एक संघात है, वही प्रकृति है। उससे महतत्त्व बुद्धि, उससे अहंकार, उससे पाँच तन्मात्रा सूक्ष्म भूत, दस इंद्रियाँ तथा ग्यारहवाँ मन, पाँच तन्मात्राओं से पृथ्वी आदि पाँच भूत से चौबीस और पच्चीसवाँ पुरुष अर्थात् जीव और परमेश्वर है। इसमें प्रकृति अधिकारिणी और महतत्त्व अहंकार तथा पाँच सूक्ष्म भूत प्रकृति का कार्य और इंद्रियाँ, मन तथा स्थूल भूतों का कारण है।

—सत्यार्थ प्रकाश, अष्टम समुल्लास

❖

प्रत्यक्ष

जो श्रोत्र, त्वचा, चक्षु, जिह्वा और घ्राण सूँघने की इंद्री का इनके विषय शब्द, स्पर्श रूप, रस और गंध के साथ अव्यवहित अर्थात् अवरणरहित संबंध होता है, इंद्रियों के साथ मन का और मन के साथ आत्मा के संयोग से जो ज्ञान उत्पन्न होता है, उसे प्रत्यक्ष कहते हैं।

—सत्यार्थ प्रकाश, तृतीय समुल्लास

❖

प्रजा

प्रजा उसे कहते हैं, जो पवित्र गुण-कर्म और स्वभाव को धारण करके पक्षपात रहित न्यायधर्म के साथ राजा और राज्य की उन्नति चाहती हुई राजविद्रोह रहित होकर राजा के साथ पुत्रवत् व्यवहार करे।

—स्वमंतव्यामंतव्य प्रकाश

❖

प्रलय

जिस कार्य जगत् का कारण रूप होना अर्थात् जगत् को संचालित करनेवाला ईश्वर जिन-जिन कारणों से सृष्टि बनाता है, जो कि अनेक कार्यों को रचकर यथावत् पालन करके पुनः कारण रूप करके रखता है, उसी का नाम प्रलय है।

—आर्योद्देश्य रत्नमाला (79)

❖

प्रलय और सृष्टि

जैसे दिन से पहले रात और रात से पहले दिन तथा दिन के पीछे रात और रात के पीछे दिन बराबर चलते हैं, उसी प्रकार सृष्टि से पहले प्रलय और प्रलय से पहले सृष्टि का अनादि काल से चक्र चला आता है। इसका आदि व अंत नहीं, लेकिन जैसे दिन व रात का आरंभ व अंत देखने में आते हैं, उसी प्रकार सृष्टि और प्रलय का आदि व अंत होता रहता है।

—सत्यार्थ प्रकाश, अष्टम समुल्लास

❖

प्रशासकीय नीति

दो, तीन, पाँच और सौ ग्रामों (गाँव) के बीच में एक राज स्थान रखें, जिसमें यथायोग्य भृत्य अर्थात् कामदार आदि राजपुरुषों को रखकर राज्य के सब कार्यों को पूर्ण करें। एक-एक ग्राम में एक-एक

प्रधान पुरुष रखें। दस ग्रामों के ऊपर दूसरा, बीस ग्रामों के ऊपर तीसरा, सौ ग्रामों के ऊपर चौथा और सहस्र ग्रामों के ऊपर पाँचवाँ पुरुष रखें अर्थात् जैसे आजकल एक ग्राम में एक पटवारी, दस ग्रामों में एक थाना और दो थानों पर एक बड़ा थाना और पाँच थानों पर एक तहसील और दस तहसीलों पर एक जिला नियत किया है, इस प्रकार प्रबंध करें और आज्ञा दें कि वह एक-एक ग्रामों का पति ग्रामों में नित्य प्रति जो भी दोष उत्पन्न हों, उनको गुप्त रूप से दस ग्राम के पति को विदित कर दे और दस ग्रामाधिपति उसी प्रकार बीस ग्राम के स्वामी को दस ग्रामों का वर्तमान नित्यप्रति ज्ञात कराए। बीस ग्रामों के अधिपति बीस ग्रामों के वर्तमान को शतग्रामाधिपति को नित्यप्रति निवेदन करे, वैसे-वैसे सौ ग्रामों के पति सहस्राधिपति अर्थात् हजार ग्राम के स्वामी को सौ-सौ ग्रामों के वर्तमान को प्रतिदिन अवगत कराया करें। वे सहस्र दस अधिपति को और लक्षग्रामों की राजसभा को प्रतिदिन अवगत कराया करें।

—सत्यार्थ प्रकाश, षष्ठम समुल्लास

❖

पाखंडी

पाखंडी लोग यह समझते हैं कि जो हम भारतीयों को विद्या पढ़ाएँगे और देश-देशांतर में जाने की आज्ञा देंगे तो ये बुद्धिमान् बनकर हमारे पाखंड जाल में न फँसने से हमारी प्रतिष्ठा और जीविका नष्ट हो जाएगी।

—सत्यार्थ प्रकाश, दशम समुल्लास

❖

पालन

राजा और राजसभा की प्राप्ति की इच्छा, प्रयत्न से रक्षा करें, रक्षित को बढ़ाएँ और बढ़े हुए धन को, वेद विद्या, धर्म-प्रचार, विद्यार्थी,

वेदमार्गोपदेशक तथा असमर्थ अनाथों के पालन में लगाएँ।

—सत्यार्थ प्रकाश, षष्ठम समुल्लास

❖

पुनर्विवाह

जिस स्त्री या पुरुष का मात्र पाणिग्रहण संस्कार हुआ हो और संयोग न हुआ हो, अर्थात् जो अक्षत योनि स्त्री और अक्षत वीर्य पुरुष हो, उसका अन्य पुरुष या स्त्री के साथ पुनर्विवाह होना चाहिए, किंतु ब्राह्मण, क्षत्रिय और वैश्य वर्णों में क्षत योनि स्त्री और क्षत वीर्य पुरुष का पुनर्विवाह नहीं होना चाहिए।

पतिव्रत और स्त्रीव्रत धर्म का नष्ट होना इत्यादि दोषों के कारण द्विजों में क्षत योनि स्त्री और क्षत वीर्य पुरुष का पुनर्विवाह कभी नहीं होना चाहिए।

जब वंशच्छेदन हो जाए, तब भी उसका कुल नष्ट हो जाएगा और स्त्री-पुरुष व्यभिचार आदि कर्म करके गर्भपात आदि बहुत से दुष्ट कर्म करेंगे, इसलिए पुनर्विवाह होना अच्छा है।

—सत्यार्थ प्रकाश, चतुर्थ समुल्लास

❖

पूर्ववत्

जिस प्रकार बादलों को देखकर वर्षा, विवाह को देखकर संतानोत्पत्ति, पढ़ते हुए विद्यार्थियों को देखकर विद्या होने का निश्चय होता है, उसी प्रकार जहाँ-जहाँ कारण को देखकर कार्य का ज्ञान होता है, वह पूर्ववत् कहलाता है।

—सत्यार्थ प्रकाश, तृतीय समुल्लास

❖

परमेश्वर

शरीर में किस प्रकार की ज्ञानपूर्वक सृष्टि रची है कि जिसे विद्वान् लोग

देखकर आश्चर्य मानते हैं। भीतर हाड़ों का जोड़, नाड़ियों का बंधन, मांस का लेपन, चमड़ी का ढक्कन, प्लीहा, यकृत, फेफड़ा, पंखा कला का स्थापन, जीव का संयोजन, शिरो रूप मूल संरचना, लोम-नलादि का स्थापन, आँखों की अतीव शिरा का तारवत् ग्रंथन, इंद्रियों के मार्गों का प्रकाशन, जीव के जाग्रत्, सुषुप्त अवस्था के भोगने के लिए स्थान विशेषों का निर्माण और धातुओं का विभागीकरण कला-कौशल स्थापनादि अद्भुत सृष्टि को बिना परमेश्वर के कौन कर सकता है!

❖

नाना प्रकार के रत्नधातु से जड़ित भूमि, विचित्र प्रकार का वट वृक्ष आदि के बीजों में अतिसूक्ष्म रचना, असंख्य हरित, श्वेत, पीत, कृष्ण, चित्रमय रूपों से युक्त पत्र, पुष्प, फल, मूल निर्माण, मिष्ट, क्षार, कटुक, कषाय, तिक्त, अम्लादि विधि रस, सुगंधादि पत्र, पुष्प, फल, अन्न, कंदमूलादि रचना, अनेकानेक करोड़ों भूगोल सूर्य-चंद्रादि लोक निर्माण, धारण, भ्रामण, नियमों में रखना आदि परमेश्वर के बिना कोई भी नहीं कर सकता।

—सत्यार्थ प्रकाश, अष्टम समुल्लास

❖

जैसे नेत्र का स्वाभाविक गुण देखना है, वैसे ही परमेश्वर का स्वाभाविक गुण जगत् की उत्पत्ति करके सब जीवों को असंख्य पदार्थ देकर उनका परोपकार करना है।

—सत्यार्थ प्रकाश, अष्टम समुल्लास

❖

ओंकार शब्द परमेश्वर का सर्वोत्तम नाम है।

जैसे प्राण के वश में सब शरीर और इंद्रियाँ होती हैं, वैसे ही परमेश्वर

के वश में सारा जगत् रहता है। अतः इससे परमेश्वर का नाम प्राण है।

जो चराचर जगत् का धारण, पालन व प्रलय करता है और सब बलवानों से बलवान् है, इससे उस परमेश्वर का नाम वायु है।

जिसका कभी विनाश नहीं होता, उसी परमेश्वर का नाम आदित्य है।

जो निर्भ्रांत, ज्ञानयुक्त और सब चराचर जगत् के व्यवहार को यथावत् जानता है, इससे परमेश्वर का नाम प्राज्ञ है।

जो सबसे स्नेह करनेवाला और जो सबसे प्रीति करने योग्य है, इससे परमेश्वर का नाम मित्र है।

जो अखिल ऐश्वर्ययुक्त है, इसीलिए परमेश्वर का नाम इंद्र है।

जो बड़ों से भी बड़ा और आकाशादि बड़े ब्रह्मांडों का स्वामी है, इसीलिए परमेश्वर का नाम बृहस्पति है।

चर और अचर रूप जगत् में व्यापक होने से उस परमेश्वर का नाम विष्णु है।

जब दुष्ट कर्म करनेवाले जीव ईश्वर की न्यायरूपी व्यवस्था से दुःख रूपी फल पाते हैं, तब रोते हैं और परमेश्वर उन्हें रुलाता है, इसीलिए परमेश्वर का नाम रुद्र है।

जल और जीवों का नाम जारा है, इसीलिए सब जीवों में व्यापक परमात्मा का नाम नारायण है।

जो मंगलस्वरूप है और जीवों के मंगल का कारण है, इसीलिए उस परमेश्वर का नाम मंगल है।

जो सारे जगत् में निवास करता है, सब रोगों से रहित और मुमुक्षुओं को मुक्ति समय में जन्म-मरणादि सब रोगों से छुड़ाता है, इसलिए उस परमात्मा का नाम केतु है।

जो सत्य आचार का ग्रहण करानेवाला और सब विद्याओं की प्राप्ति

का हेतु होकर विद्या प्राप्त कराता है, इसीलिए उस परमेश्वर का नाम आचार्य है।

जो सत्यधर्म का प्रतिपादक, सकल विद्यायुक्त वेदों का उपदेशकर्ता है, सृष्टि के आदि में होनेवाले अग्नि, वायु, आदित्य, अंगिरा और ब्रह्मादि गुरुओं का भी गुरु है और जिसका नाश कभी नहीं होता। अत: उस परमेश्वर का नाम गुरु है।

जो स्वयं आनंदस्वरूप है, जिसमें सब मुक्त जीव आनंद को प्राप्त होते हैं और जो सब धर्मात्मा जीवों को आनंदयुक्त करता है, इससे उस परमेश्वर का नाम आनंद है।

जो चेतनस्वरूप सब जीवों को सत्य-असत्य का ज्ञान करानेवाला है, इसीलिए उस परमेश्वर का नाम चित्त है।

जिसका आदिकारण कोई भी नहीं है, उसी परमेश्वर का नाम अनादि है।

जो प्रकृति के सब अवयवों, आकाशादि भूत-परमाणुओं को यथायोग्य मिलाता है, शरीर के साथ जीवों का संबंध करके जन्म देता है और स्वयं कभी नहीं जन्म लेता, इसीलिए उस परमेश्वर का नाम अज है।

जिसका आकार कोई भी नहीं और जो कभी शरीर धारण नहीं करता। अत: उस परमेश्वर का नाम निराकार है।

जो सब चराचर जगत् को देखता, चिह्नित करता है और जो वेदादि शास्त्रों का धार्मिक विद्वान् है, उसी परमेश्वर का नाम लक्ष्मी है।

जो प्रकृत्यादि जड़ और जीव गणना का विषय होने से गण कहलाते हैं, उन सब संख्यात् पदार्थों का स्वामी या पालन करनेवाला होने से उस परमेश्वर का नाम गणेश है।

जो अभय का दाता, सत्य-असत्य और सर्व विद्याओं का जाननेवाला, सब सज्जनों की रक्षा करने और दुष्टों को यथायोग्य दंड देनेवाला है, उस परमेश्वर का नाम दयालु है।

जो सब व्यवहारों में व्याप्त और सब व्यवहारों का आधार होकर भी किसी भी व्यवहार में अपने स्वरूप को नहीं बदलता, उस परमेश्वर का नाम कूटस्थ है।

जो अपने कार्य करने में किसी अन्य की सहायता की इच्छा नहीं करता और अपनी ही सामर्थ्य से सब काम पूरे करता है, इसीलिए उस परमेश्वर का नाम सर्वशक्तिमान् है।

जो धर्म ही में प्रकाशमान् और अधर्म से रहित केवल धर्म का प्रकाश करता है, उस परमेश्वर का नाम धर्मराज है।

जो सब धर्मात्माओं, मुमुक्षुओं और शिष्टों को प्रसन्न करता और सबसे कामना के योग्य है, इसलिए उस ईश्वर का नाम प्रिय है।

जो चिंतनशील, विज्ञानशील और मानने योग्य है, इसलिए उस परमेश्वर का नाम मनु है।

जो कल्याण अर्थात् सुख प्रदान करनेवाला है, इससे उस ईश्वर का नाम शंकर है।

—सत्यार्थ प्रकाश, प्रथम समुल्लास

❖

जो सभ्य जन परमेश्वर से डरकर उसकी आज्ञा के अनुसार जैसे रात्रि और दिन संपूर्ण संसार के नियमपूर्वक पालनकर्ता होते हैं, वैसे ही सभा में धर्म की विजय और अधर्म की पराजय से राजा प्रजा को आनंदित करें।

—ऋग्वेद भाष्य 3.52.12

❖

परमेश्वर के बिना कोई वस्तु अव्याप्त नहीं है और चेतन स्वरूप जीव अपने कर्म के फल के भोग से एक क्षण भी अलग नहीं रहता, इससे उस सबमें अभिव्याप्त अंतर्यागी परमेश्वर को जानकर सर्वदा पापों को छोड़कर धर्मयुक्त कार्यों में प्रवृत्त होना चाहिए।

—ऋग्वेद भाष्य 1.70.2

हम परमेश्वर की प्रजा और वह हमारा राजा, हम उसके किंकर भृत्यवत् हैं। वह कृपा करके अपनी सृष्टि में हमें राज्याधिकारी करे और अपने हाथ से अपने सत्य न्याय की प्रवृत्ति कराए।

—सत्यार्थ प्रकाश, षष्ठम समुल्लास

❖

हे राज्य देनेवाले परमेश्वर! आप ही राज्य के जीवन हेतु हैं तथा राजधर्म के प्रबंधकर्ता हैं। कृपया हमें भी ऐसा ही कीजिए। हे जगदीश्वर! सब प्रजा आपको छोड़कर किसी दूसरे को अपनाकर राजा कभी न माने अर्थात् कोई भी हमारे मध्य नास्तिक न हो और आप भी हम लोगों को मत छोड़िए, ताकि हम आपकी सृष्टि में सदा राज्य करने के अधिकारी बने रहें।

—ऋग्वेदादि भाष्य भूमिका

❖

मनुष्यों को योग्य है कि परमेश्वर का आश्रय करके सब कामनाओं की सिद्धि या पृथ्वी के राज्य की प्राप्ति करके निरंतर सुखी रहें।

—ऋग्वेद भाष्य 1.57.5

❖

हे मनुष्यो! तुम लोग धर्मात्मा होकर न्याय से राज्य करो, क्योंकि जो धर्मात्मा पुरुष हैं, मैं उनके छत्र, धर्म और सब राज्य में प्रकाशित रहता हूँ और वे सदा मेरे समीप रहते हैं। उनकी सेना के अश्व आदि पशुओं में भी मैं स्वसत्ता से प्रतिष्ठित रहता हूँ तथा सब सेना, राजा के अंगों और उनकी आत्माओं के बीच में भी मैं सदा प्रतिष्ठित रहता हूँ...जिन लोगों की ऐसी निष्ठा है, उनका राज्य सदा बढ़ता है। जिन मनुष्यों का ऐसा निश्चय है कि केवल परमेश्वर्यवान्, परमेश्वर ही हमारा रक्षक है और हमारे लिए विजय आदि सब सुखों को देनेवाला है, उनकी पराजय कभी नहीं होती।

हे सुखस्वरूप परमेश्वर! आप हमें सुराज्य प्रदान कर सुख से युक्त कीजिए। आप अत्यंत आनंदकारक हैं। हमें भी राजसभा द्वारा अच्छा शासन प्रबंध प्रदान करके आनंदयुक्त करें। अत: पूर्ण सुख की प्राप्ति के लिए हम लोगों ने आपकी शरण ली है। हे सर्वोत्तम कीर्ति देनेवाले, शोभन मंगलरूप आनंद के करनेवाले जगदीश्वर! सुख देनेवाले राज्य के लिए आपकी उपासना करते हैं। हे सत्यस्वरूप! सत्य का प्रकाश करनेवाले सत्य राज्य को देनेवाले आप ही हमारी राजसभा के महाराजधिराज हैं। ऐसा हम मानते हैं कि इसी से हमें सच्चा सुख देनेवाला राज्य प्राप्त होगा।

सब सभासद तथा प्रजा के लोग उसी परमात्मा को अपना न्यायकारी राजा सदा के लिए मानें, क्योंकि वही एक परमात्मा (परमेश्वर) सब देवों के बीच में अनंत विद्यायुक्त और अपार बलवान् तथा सबसे उत्तम है। वही हम सबको दु:खों से पार उतारकर सब सुखों को प्राप्त करानेवाला है।

हे सभा के योग्य परमेश्वर! आप हम लोगों की राजसभा की रक्षा कीजिए। हम लोग जो सभा के सभासद हैं, सो आपकी कृपा से सभ्यतायुक्त होकर अच्छी प्रकार से सत्य-न्याय की रक्षा करें। हे सबके उपास्यदेव! हम लोग आप ही की सहायता से आपकी आज्ञा का पालन करते रहें, जिससे संपूर्ण आयु को सुख से भोगें।

परमेश्वर को तीन या चार बार नमस्कार करने के पश्चात् ही राजकर्म को आरंभ किया जाना चाहिए। जिस राज्य में क्षत्रिय और ब्राह्मण सभी परमेश्वर और वेदविद्या से युक्त पूर्ण विद्वान् हैं, वही राष्ट्र सम्यक् ढंग से ऋद्धि एवं समृद्धि से युक्त होता है। ऐसे राष्ट्र में ही वीर पुरुष पैदा होते हैं, अन्यत्र नहीं। यही परमेश्वर की आज्ञा है।

—ऋग्वेदादि भाष्य भूमिका

❖

फल

जब कोई प्राणी मरता है, तब उसका जीव पाप-पुण्य के वशीभूत होकर परमेश्वर की व्यवस्था से दुःख-सुख के फल भोगने के लिए जन्मांतर धारण करता है।

—सत्यार्थ प्रकाश, द्वितीय समुल्लास

❖

ब्रह्मचर्य

आठवें वर्ष से आगे छत्तीसवें वर्षपर्यंत अर्थात् एक-एक वेद के सांगोपांग पढ़ने में बारह-बारह वर्ष मिलाकर छत्तीस और आठ मिलाकर चवालीस अथवा अठारह वर्षों का ब्रह्मचर्य और आठ वर्ष पूर्व के मिलाकर छब्बीस या नौ वर्ष तथा आठ वर्ष मिलाकर सत्रह वर्ष तथा जब तक पूरी विद्या ग्रहण न कर लें, तब तक ब्रह्मचर्य रखें।

❖

ब्रह्मचर्य काल में केवल दो यज्ञ अर्थात् ब्रह्मयज्ञ, जो पढ़ना-पढ़ाना संध्योपासना, ईश्वर की स्तुति, प्रार्थना, दूसरा देवयज्ञ, जो अग्निहोत्र से लेकर अश्वमेधपर्यंत यज्ञ और विद्वानों की सेवा आदि करने होते हैं।

—सत्यार्थ प्रकाश, तृतीय समुल्लास

❖

ब्रह्मचर्य तीन प्रकार का होता है—कनिष्ठ, मध्यम और उत्तम। कनिष्ठ पुरुष, जो अन्न रसमय देह अर्थात् पुरी में शयन करनेवाला जीवात्मा है, उसे यज्ञरूपी अर्थात् अतीव गुणों से संगत होना सत्कर्तव्य है। इसके लिए आवश्यक है कि चौबीस वर्षपर्यंत जितेंद्रिय अर्थात् ब्रह्मचारी रहकर वेदादि विद्या और सुशिक्षा ग्रहण करे तो उसके शरीर में प्राण बलवान् होकर सब शुभ गुणों के वास करानेवाले होते हैं।

मध्यम ब्रह्मचर्य यह है कि जो मनुष्य चवालीस वर्षपर्यंत ब्रह्मचारी

रहकर वेदाभ्यास करता है, उसके प्राण इंद्रियाँ, अंत:करण और आत्मा बलयुक्त होकर सब दुष्टों को रुलाने और श्रेष्ठों का पालन करनेवाले होते हैं।

उत्तम ब्रह्मचर्य अड़तालीस वर्षपर्यंत का तीसरे प्रकार का होता है। जैसे अड़तालीस अक्षर की जगती होती है, वैसे ही जो अड़तालीस वर्षपर्यंत यथावत् ब्रह्मचर्य करता है, उसके प्राण अनुकूल होकर सकल विद्याओं को ग्रहण करते हैं।

—सत्यार्थ प्रकाश, तृतीय समुल्लास

❖

राजा को चाहिए कि सब कन्या और लड़कों को उक्त समय से उक्त समय तक ब्रह्मचर्य में रखकर विद्या प्रदान कराएँ।

—सत्यार्थ प्रकाश, तृतीय समुल्लास

❖

ईश्वर की आज्ञा है कि सब मनुष्य रक्षा आदि के लिए ब्रह्मचर्य व्रतादि से विद्या के पारंगत विद्वानों के बीच जिसने अड़तालीस वर्ष ब्रह्मचर्य का व्रत किया हो, ऐसे राजा को स्वीकार करके सच्ची नीति को बढ़ाएँ।

—यजुर्वेद भाष्य 9.26

❖

भाषा

भिन्न-भिन्न भाषा, पृथक्-पृथक् शिक्षा, सांस्कृतिक भिन्नता, अलग व्यवहार का विरोध छूटना अति दुष्कर है। बिना इनके छूटे पारस्परिक उपकार और अभिप्राय सिद्ध होना कठिन है।

—सत्यार्थ प्रकाश, अष्टम समुल्लास

❖

भूगोल

सहस्र-सहस्र के दस अधिपति दस सहस्र के अधिपति को और दस सहस्र के अधिपति लक्षग्रामों की राजसभा को प्रतिदिन बताया करें और वे सब राजसभा महाराज सभा अर्थात् सार्वभौम चक्रवर्ती महाराज सभा में सभी भूगोल का वर्तमान बताया करें।

—सत्यार्थ प्रकाश, षष्ठम समुल्लास

❖

हे विद्वानो! राजा प्रज्ञाजनो, तुम इस प्रकार के पुरुष का चक्रवर्ती राज्य सबसे बड़े होने, बड़े-बड़े विद्वानों से युक्त राज्य पालने और परम ऐश्वर्य से युक्त राज्य और धन के पालने के लिए सम्मति करके सर्वत्र पक्षपातरहित; पूर्ण विद्या-विनय से युक्त, सबके मित्र सभापति राजा को सर्वाधीश मानकर सब भूगोल शत्रु रहित करो।

—सत्यार्थ प्रकाश, षष्ठम समुल्लास

❖

भोग

मनुष्यों को भूमि, समुद्र, अंतरिक्ष में रथनौका, विमानों के लिए सरल, दृढ, कंटक, चोर, डाकू, भय आदि दोषरहित मार्गों का संपादन करना चाहिए, जहाँ किसी को कुछ भी दुःख व भय न हो, इन सभी को सिद्ध करके अखंड चक्रवर्ती राज्य का भोग करना व कराना चाहिए।

—ऋग्वेद 1.41.1

❖

जिस देश में उत्तम विद्वान्, ब्राह्मण विद्यासभा और राजसभा के विद्वान्, शूरवीर क्षत्रिय लोग, ये सब मिलकर राजकार्यों को सिद्ध करते हैं, वही देश धर्म और शुभ क्रियाओं से संयुक्त होकर सुख को प्राप्त

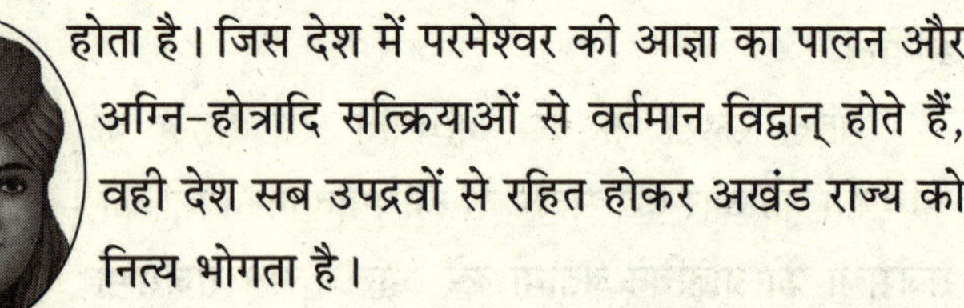

होता है। जिस देश में परमेश्वर की आज्ञा का पालन और अग्नि-होत्रादि सत्क्रियाओं से वर्तमान विद्वान् होते हैं, वही देश सब उपद्रवों से रहित होकर अखंड राज्य को नित्य भोगता है।

—ऋग्वेदादि भाष्य भूमिका

जो मनुष्य मेघ से उत्पन्न वर्षा और वर्षा से उत्पन्न हुए तृण आदि की रक्षा से गौ आदि पशुओं को बढ़ाएँ, वे पुष्कल भोग को प्राप्त होते हैं।

—यजुर्वेद भाष्य 16.44

❖

मनुष्य

मनुष्य उसी को कहना चाहिए कि जो मननशील होकर स्वात्मवत् अन्य के सुख-दुःख और हानि-लाभ को समझे, अन्यायकारी बलवान् से न डरे और धर्मात्मा निर्बल से भी डरता रहे।

—सत्यार्थ प्रकाश, स्वमंतव्यामंतव्य प्रकाश

जब तक मनुष्य धार्मिक रहते हैं, तभी तक राज्य बढ़ता रहता है और जब दुष्टाचारी होते हैं, तब राज्य नष्ट-भ्रष्ट हो जाता है।

—सत्यार्थ प्रकाश, षष्ठम समुल्लास

मुक्ति

सब दुःखों से छूटकर बंधनरहित सर्वव्यापक ईश्वर और उसकी सृष्टि में स्वेच्छा से विचरना, नियत समयपर्यंत मुक्ति के आनंद को भोगकर पुनः संसार में आना मुक्ति कहलाती है।

—स्वमंतव्यामंतव्य प्रकाश

जिससे सब बुरे काम और जन्म-मरण आदि दुःख सागर से छूटकर सुख रूपी परमेश्वर को प्राप्त होकर सुख ही में रहना है, वह मुक्ति कहलाती है।

—आर्योद्देश्य रत्नमाला 29

मुक्ति जन्म-मरण के सदृश नहीं, क्योंकि जब तक 36,000 बार उत्पत्ति और प्रलय का जितना समय होता है, उतने समयपर्यंत जीवों का मुक्ति के आनंद में रहना, दुःख का न होना, क्या छोटी बात है? जब क्षुधा, तृष, क्षुद्र धन, राज्य, प्रतिष्ठा, स्त्री, संतान आदि के लिए उपाय करना आवश्यक है तो मुक्ति के लिए क्यों नहीं करना चाहिए?

प्रथम तो जीव का सामर्थ्य शरीर आदि पदार्थ और साधन परिमित हैं। पुनः उसका फल अनंत कैसे हो सकता है? अनंत आनंद को भोगने का असीम सामर्थ्य, कर्म और साधन जीवों में नहीं। अतः अनंत सुख नहीं भोग सकते। जिनके साधन अनित्य हैं, उसका फल नित्य कभी नहीं हो सकता और जो कोई मुक्ति में से लौटकर जीव इस संसार में न आए तो जीव विशेष हो जाने चाहिए।

—सत्यार्थ प्रकाश, नवम समुल्लास

परमेश्वर की उपासना, अविद्या का नाश, अधर्माचरण से दूर रहना, शुद्ध विज्ञान तथा धर्म के अनुष्ठान द्वारा जीवन उत्पन्न करना, इनके द्वारा जीव मुक्ति को प्राप्त करता है।

जो मुक्ति चाहे तो वह जीवनयुक्त अर्थात् जिन मिथ्या भाषणादि पापकर्मों का फल दुःख है, उनको छोड़कर सुखरूपी फल को देनेवाले सत्य भाषण आदि धर्माचरण अवश्य करे।

—सत्यार्थ प्रकाश, नवम समुल्लास

मुमुक्षु

नित्य प्रति न्यून-से-न्यून दो घंटे तक मुमुक्षु ध्यान अवश्य करें, जिससे भीतर के मन पदार्थ आदि साक्षात् हों।

—सत्यार्थ प्रकाश, नवम समुल्लास

❖

मोक्ष

जो वेद को स्वर और पाठमात्र पढ़कर अर्थ नहीं जानता, वह जैसे वृक्ष, डाली, पत्ते, फूल-फल का और पशु-धान्य आदि का भार उठाता है, वैसे भारवाह अर्थात् भार को उठानेवाला है। जो वेद को पढ़ता और उनका यथावत् अर्थ जानता है, वही ज्ञान से पापों को छोड़कर पवित्र धर्माचरण के प्रताप से संपूर्ण आनंद को प्राप्त होकर देहांत के पश्चात् मोक्ष को प्राप्त होता है।

—सत्यार्थ प्रकाश, तृतीय समुल्लास

❖

जब शुद्ध मनयुक्त पाँच ज्ञानेंद्रियाँ जीव के साथ रहती हैं और बुद्धि का निश्चय स्थिर होता है, उसे मोक्ष कहते हैं।

—सत्यार्थ प्रकाश, नवम समुल्लास

❖

सब संस्कार क्षणिक हैं। इस वासना का स्थिर होना बौद्ध का मार्ग है और उसी में शून्य रूप हो जाना मोक्ष है।

—सत्यार्थ प्रकाश, द्वादश समुल्लास

❖

युद्ध

यदि कभी किसी शत्रु से निबटने के लिए किसी बलवान् राजा का

आश्रय लेना पड़े, लेकिन यदि वह दुष्ट हो तो समय आने पर उससे भी नि:शंक होकर युद्ध करे।

जब राजा शत्रुओं के साथ युद्ध करने के लिए जाए तो तीन प्रकार के मार्ग अर्थात् एक स्थल भूमि में, दूसरा जल समुद्र या नदियों में, तीसरा आकाश मार्ग को शुद्ध बनाकर भूमि मार्ग में रथ अश्व, हाथी, जल में नौका और आकाश में विमानादि यान से जाए।

—सत्यार्थ प्रकाश, षष्ठम समुल्लास

❖

जो नौकाओं से समुद्र में, रथों से पृथ्वी पर और विमानों से आकाश में युद्ध करते हैं, वे सदा ऐश्वर्य को प्राप्त होते हैं।

—ऋग्वेद भाष्य 2.16.7

❖

योग्यता

मनुष्यों को चाहिए कि जो कवि, सभी शास्त्रों का वक्ता, दुष्टों में कठोर, श्रेष्ठों में कोमल, कुटिलता का नाश करनेवाला और सर्वथा बल को बढ़ानेवाला पुरुष है, उसी को सभा आदि के अधिकारों में स्वीकार करें।

—ऋग्वेद भाष्य 1.51.11

❖

जो सभ्यजन परमेश्वर के डर से उसकी आज्ञानुसार जैसे रात्रि और दिन संपूर्ण संसार के नियमपूर्वक पालनकर्ता होते हैं, वैसी ही सभा में धर्म की विजय और अधर्म की पराजय से प्रजा को आनंदित करते हैं।

—ऋग्वेद भाष्य 3.55.12

❖

राजा को चाहिए कि यथार्थवक्ता पुरुषों के वचनों को सुनकर और

उत्तम प्रकार से विचार कर पालन करें। उन यथार्थवक्ता पुरुषों को प्रिय वस्तुएँ दें, वे निरंतर संतुष्ट करने योग्य हैं। इस प्रकार राजा और यथार्थवक्ता पुरुषों की सभा, सभी मिलकर सब कर्मों को सिद्ध करें।

—ऋग्वेद भाष्य 4.2.20

❖

बिना योग्यता व परीक्षा के किसी को बड़ा या छोटा अधिकार न दें, किंतु जो धर्मात्मता से उस कार्य को करने में समर्थ हो, उसी के अधीन वह कार्य सिद्ध करें व कराएँ। दरिद्र व लोभी को प्रारंभ में बड़ा अधिकार भी न दें और कुटुंब-संबंधी परस्पर मित्रों को भी एक अधिकार में न रखें।

—स्वामी दयानंद सरस्वती के पत्र एवं विज्ञापन से उद्धृत

❖

रक्षा

राजा द्वारा प्रजा की रक्षा के लिए नियुक्त किए हुए अधिकारी ही प्रायः बदमाश बन जाते हैं तथा दूसरों की संपत्ति हड़प लेते हैं, यानी जबरदस्ती अधिकार में ले लेते हैं। राजा को ऐसे दुष्टों से अपनी प्रजा की रक्षा करनी चाहिए।

राजा जिन्हें प्रजा की रक्षा का अधिकार दे, वे धार्मिक सुपरीक्षित विद्वान् कुलीन हों, उनके अधीन प्रायः शठ और परपदार्थ हरनेवाले चोर-डाकुओं को भी नौकर रखकर उन्हें दुष्ट कर्म से बचाने के लिए राजा के नौकर बनाकर उन्हीं रक्षा करनेवाले विद्वानों के स्वाधीन करके उनसे इस प्रजा की रक्षा यथावत् करें।

—सत्यार्थ प्रकाश, षष्ठम समुल्लास

❖

सदा बलवान् और राजपुरुषों से सताए हुओं की पुकार यदि भोजन

करने भी बैठे हों, तो भोजन को छोड़कर उनकी बात सुननी और यथोचित उसका न्याय करना चाहिए। ऐसा न हो कि निर्बल अनाथ लोग बलवान् व राजपुरुषों से पीड़ित होकर रुदन करें और उनका अश्रुपात भूमि पर हो कि जिससे सर्वनाश हो जाए। इनकी रक्षा से सब प्रकार की उन्नति अर्थात् शरीरारोग्य, आयुर्वृद्धि, धनवृद्धि, राजवृद्धि, धर्मवृद्धि तथा प्रतापवृद्धि सदैव करते रहिए।

—स्वामी दयानंद सरस्वती के पत्र एवं विज्ञापन से उद्धृत

जो मनुष्य पशुओं की रक्षा और वृद्धि आदि के लिए वनों की रक्षा कर उन्हीं में उन पशुओं को चराकर दूध आदि का सेवन कर खेती आदि कार्यों को यथावत् करें, वे राज्य के ऐश्वर्य से सूर्य के समान प्रकाशमान होते हैं।

—ऋग्वेद भाष्य 1.121.7

राजकुल

जो राजकुल की स्त्री पृथ्वी आदि के समान धीरज आदि गुणों से युक्त हो तो वह राज्य करने के योग्य होती है।

—यजुर्वेद भाष्य 13.18

राजधर्म

राजा को चाहिए कि राजा सब सभासदों को आज्ञा दे कि हे सभा के योग्य मुख्य सभासद, तू मेरी सभा की धर्मयुक्त व्यवस्था का पालन कर और जो सभा के योग्य हैं, वे भी सभा की व्यवस्था का पालन करें। इसका अभिप्राय यह है कि एक को स्वतंत्र राज्य का अधिकार नहीं देना चाहिए, किंतु राजा जो सभापति, तदधीन सभा, सभाधीन राजा, राजा और

सभा प्रजा के अधीन और प्रजा राजसभा के अधीन रहे।

—*सत्यार्थ प्रकाश, षष्ठम समुल्लास*

❖

राजपुरुष

राजपुरुष आदि को चाहिए कि आप जिस-जिस राजकार्य में प्रवृत्त हों, उस कार्य में अपनी-अपनी स्त्रियों का भी स्थापन करें, जो राजपुरुष जिन पुरुषों का न्याय करें, उनकी स्त्रियों का भी न्याय करें।

—*यजुर्वेद भाष्य 13/17*

❖

राजपुरुषों को चाहिए कि गौ, घोड़े आदि वीर, उपकारी जीव की कभी हत्या न करें...गौ आदि पशु दूध आदि पदार्थों को देने से जो सबका उपकार करते हैं, उससे सदैव उनकी वृद्धि करें।

—*यजुर्वेद भाष्य 16.16*

❖

जो युद्धविद्या में कुशल, बड़े, बलवान्, प्रजा और धन की वृद्धि करनेवाले, उत्तम शिक्षायुक्त, हाथी और घोड़ों से युक्त कल्याणकारी आचरणवाले हों, वे राजपुरुष बनें।

—*यजुर्वेद भाष्य 20.49*

❖

राजनीति

नीतिपरक पृथ्वीपति राजा के जिस प्रकार मित्र, मध्यस्थ और शत्रु अधिक न हों, ऐसे उपायों को व्यवहार में लाएँ। सभी कार्यों का वर्तमान में कर्तव्य और भविष्य में जो-जो करना चाहिए व जो-जो कार्य कर चुके, उन सबका यथार्थता से गुण-दोषों का विचार करें। तत्पश्चात् दोषों के निवारण और गुणों की स्थिरता में प्रयत्न करें। जो राजा भविष्य में गुण-

दोषों को जानता हो और किए हुए कार्यों में शेष कर्तव्यों को जानता हो, वह शत्रुओं से कभी पराजित नहीं होता। सब प्रकार से राजपुरुष और विशेष सभापति राजा ऐसे प्रयत्न करें कि जिस प्रकार राजादि जनों के मित्र, मध्यस्थ और शत्रु को वश में करके अन्यथा न कराएँ, ऐसे मोह में कभी न फँसें। संक्षेप में इसी को राजनीति कहते हैं।

—सत्यार्थ प्रकाश, षष्ठम समुल्लास

❖

राजा

राजा उसी को कहते हैं, जो शुभ गुण-कर्म और स्वभाव से प्रकाशमान, पक्षपातरहित, न्यायधर्म का सेवी, प्रजाओं में पितृवत् व्यवहार करे और उन्हें पुत्रवत् मानकर उनकी उन्नति एवं सुख बढ़ाने का सदैव यत्न किया करे।

—स्वमंतव्यामंतव्य प्रकाश

❖

मनुष्यों को चाहिए कि जो सबसे अधिक गुण, कर्म और स्वभाव तथा सबका उपकार करनेवाला सज्जन मनुष्य है, उसी को सभाध्यक्ष का अधिकार देकर राजा मानें अर्थात् किसी एक मनुष्य को स्वतंत्र राज्य का अधिकार न दें, किंतु शिष्ट पुरुषों की जो सभा है, उसके अधीन राज्य के सब कार्य रखें।

—ऋग्वेद 1.77.3 मंत्र की व्याख्या

❖

वही चक्रवर्ती राजा होने के योग्य होता है, जो अत्यंत प्रशंसायुक्त गुण, कर्म और स्वभाववाला है और वही राजा सबका वृद्धिकारक होता है।

—ऋग्वेद 3.45.5 मंत्र की व्याख्या

❖

जो राजा लोग बुद्धिमान् मंत्रियों का सत्कार करके रक्षा करते हैं, वे सूर्य के सदृश प्रकाशित यशवाले होते हैं और सभी काल में उद्योगियों की रक्षा और दुष्टों का निरंतर ताड़न करें, जिससे कि सब शुद्ध आचरणवाले हों।

—ऋग्वेद 4.2.15 मंत्र की व्याख्या

❖

हे राजन! जो सूर्य के सदृश तेजस्वी, धनयुक्त, कुलीन, पवित्र, प्रशंसित, अपराध रहित, श्रेष्ठ शरीर युक्त, विद्या और अवस्था में वृद्ध हों, वे आपके और आपके राज्य के रक्षक हों और आप इन लोगों की सम्मति से वर्तमान होकर अधिक अवस्थायुक्त बनें।

—ऋग्वेद 4.10.6 मंत्र की व्याख्या

❖

जो प्रजाजन एक सम्मति करके उत्तम गुण-कर्म-स्वभाव से युक्त राजा को स्वीकार करें तो पूर्ण सुख प्राप्त हो।

—ऋग्वेद 4.16.16 मंत्र की व्याख्या

❖

हे राजन! जो पूर्ण विद्या से युक्त, धन-धान्य, पशु और प्रजाओं का बढ़ाने और ब्रह्मचर्य से बड़ा पराक्रमवाला है, उसी को राजकर्मचारी बनाइए।

—ऋग्वेद 5.38.2 मंत्र की व्याख्या

❖

हे मनुष्यो! जो संपूर्ण राजकर्मों में निपुण हो, उसे राजा मानकर ही न्याय से राज्य का पालन करो।

—ऋग्वेद 6.23.4 मंत्र की व्याख्या

❖

यदि राजा सूर्य के समान विद्या और न्याय का प्रकाशक हो तो संपूर्ण

राज्य कामना से अलंकृत होकर राजा को पूर्ण कामनावाला करे तथा धार्मिक जनधर्म का आचरण करे और अधार्मिक जन भी पापाचरण को छोड़कर धर्मात्मा हो जाए।

—ऋग्वेद 7.18.1 मंत्र की व्याख्या

मनुष्यों को चाहिए कि अत्युत्तम सभाध्यक्ष मनुष्यों सहित सभा बनाकर राजव्यवहार की रक्षा से चक्रवर्ती राज्य की शिक्षा प्राप्त करे। इसके बिना कभी स्थिर राज्य नहीं हो सकता। अतः पूर्वोक्त कर्म का अनुष्ठान करके एक को राजा नहीं मानना चाहिए।

—ऋग्वेद 1.77.4 मंत्र की व्याख्या

प्रजा के बीच अपनी-अपनी सभाओं सहित राजा होने के योग्य दो होते हैं। एक चक्रवर्ती अर्थात् एक चक्र राज करनेवाला और दूसरा मांडलिक, जो मंडल-मंडल का ईश्वर हो। ये दोनों प्रकार के राजा उत्तमोत्तम न्याय, नम्रता, सुशीलता और वीरतादि गुणों से प्रजा की रक्षा अच्छी प्रकार से करें।

—यजुर्वेद 8.37

राजा वही है, जो न्याय को बढ़ानेवाला हो।

—यजुर्वेद भाष्य 27.15

मैं ईश्वर! सब मनुष्यों को आज्ञा देता हूँ कि तुम लोग मेरे तुल्य धर्मयुक्त गुण, कर्म और स्वभाववाले पुरुष की प्रजा हो, अन्य किसी क्षुद्राशय पुरुष की प्रजा होना स्वीकार कभी मत करो। जैसे मुझे न्यायाधीश मानकर मेरी आज्ञा में व्रतादि सबकुछ धर्म के साथ संयुक्त करके इस लोक

और परलोक के सुख को नित्य प्राप्त होते हो, वैसे ही जो पुरुष धर्मयुक्त न्याय से तुम्हारा निरंतर पालन करे, उसी को सभापति राजा मानो।

—यजुर्वेद भाष्य 9.21

❖

राजा का मूर्ख होना तो बुरा है, परंतु प्रजा का भी मूर्ख रहना बुरा है। मूर्खों के ऊपर राज्य करने से राजा को शोभा नहीं, परंतु प्रजा को धर्मयुक्त धर्मात्मा और चतुर करके उन पर राज्य करने में राजा और प्रजा की शोभा व सुखों की उन्नति होती है।

—स्वामी दयानंद सरस्वती के पत्र एवं विज्ञापन से उद्धृत

❖

राजा को चाहिए कि आप धर्मात्मा होकर प्रजा के मनुष्यों को धार्मिक-कर और न्याय की गद्दी पर बैठकर निरंतर न्याय किया करें।

—यजुर्वेद भाष्य 12.17

❖

हे राजा! जैसे ईश्वर के न्याय आदि गुण, व्याप्ति, कृपा, पुरुषार्थ, सत्य रचना और सत्य नियम हैं, जैसे ही तुम लोगों के भी हों, जिससे तुम्हारा उत्तरोत्तर सुख बढ़े।

—यजुर्वेद भाष्य 31.22

❖

राजा को चाहिए कि युद्ध की सामग्री जोड़कर और शत्रुओं को मारकर प्रजा को सुख, धर्मात्माओं को निर्भयता और दुष्टों को भय दे।

—यजुर्वेद भाष्य 8.37 और 9.9, 16.31

❖

राजा और राजसभा अलब्ध की प्राप्ति की इच्छा, प्राप्ति के प्रयत्न से रक्षा करे, रक्षित को बढ़ाए और बढ़े हुए धन को वेद, विद्या, धर्म का प्रचार, विद्यार्थी, वेदमार्गोपदेशक तथा असमर्थ अनाथों के पालन में लगाए।

—सत्यार्थ प्रकाश, षष्ठम समुल्लास

जो राजा प्रजा को पिता और पुत्र के समान अपना बरताव बरते तो धर्म, अर्थ, काम और मोक्ष फल की सिद्धि को यथावत् प्राप्त हों। जैसे राजा प्रजा के सुख को बढ़ाए, वैसे ही प्रजा भी राजा के सुख और बल की उन्नति करे।

—यजुर्वेद भाष्य 23.20

सभापति राजा सदा ब्रह्मचर्य से दीर्घायु, सत्य धर्म में प्रीति रखनेवाले मंत्रियों के साथ विचारकर्ता, अन्य राजाओं के साथ अच्छी संधि रखनेवाला, पक्षपात को छोड़कर न्यायाधीश सब शुभ लक्षणों से युक्त हुआ, दुष्ट व्यसनों से पृथक् होकर धर्म, अर्थ, काम और मोक्ष को धीरज, शांति और अप्रमाद से धीरे-धीरे सिद्ध करे।

—यजुर्वेद भाष्य के सत्ताईसवें अध्याय के पाँचवें मंत्र की व्याख्या

जिस राजा के राज्य में विद्या और अच्छी शिक्षायुक्त गुण, कर्म और स्वभाव से नियमयुक्त धर्मात्माजन चारों वर्ण, आश्रम और सेना, प्रजा तथा न्यायाधीश हैं, वह सूर्य के तुल्य कीर्ति से अच्छा शोभायुक्त होता है।

—ऋग्वेद भाष्य 1.22.15

हे राजन्! जो आप दुर्व्यसनों को त्यागकर धर्म संबंधी कार्यों को करें

तो हम लोग निरंतर आपके भक्त हो जाएँ और जो अन्याय करें तो आपका शीघ्र त्याग करें।

—ऋग्वेद भाष्य 4.4.9

❧ ❖ ☙

जो राजा धर्मयुक्त व्यवहार से प्रजा का पालन करे, वह राज्य करने के योग्य होता है।

—ऋग्वेद भाष्य 4.4.9

❧ ❖ ☙

यह बात ठीक है कि राजाओं के राजा किसान आदि परिश्रम करनेवाले हैं और राजा उनका रक्षक है। जो प्रजा न हो तो राजा किसका? प्रजा की साधारण सम्मति के विरुद्ध राजा व राजपुरुष न हों।

—सत्यार्थ प्रकाश, षष्ठम समुल्लास

❧ ❖ ☙

न्याय से राजा राज्य को धारण करे और सब काल में प्रजाओं में ही बल बढ़ाया करे।

—ऋग्वेद भाष्य 3.30.9

❧ ❖ ☙

जो राजा प्रजा पालन के बिना कर लेता है, जिस राजा की प्रजा को दुष्ट जन दुःख देते हैं और जो राजा आप नीच कर्म करनेवाला, बाज पक्षी के समान हिंसक, पशु के समान मूर्ख हो और जिस राजा की सेना चोर के समान हो, उसका शीघ्र विनाश होता है, यह निश्चित है।

—ऋग्वेद भाष्य 4.38.5

❧ ❖ ☙

जिस भृत्य सहित देखते हुए राजा के राज्य में डाकू रोती-विलाप करती प्रजा के पदार्थ और प्राणों को हरते रहते हैं, वह राजा भृत्य अमात्य

सहित मृतक समान है और महादुख पानेवाला है। अतः प्रजा पालन करना ही राजाओं का परम धर्म है।

—सत्यार्थ प्रकाश, षष्ठम समुल्लास

❖

जो अपने आपको स्वयं नियंत्रित नहीं करते, उन पर अंकुश लगाना राजा का प्रमुख कर्तव्य है। जिस राजा के राज्य में न चोर, न परस्त्री गमन, न दुष्ट वचन बोलनेवाला, न साहसिक डाकू और न दंड अर्थात् राजा की आज्ञा को भंग करनेवाला है, वह राजा अतीव श्रेष्ठ है।

—सत्यार्थ प्रकाश, षष्ठम समुल्लास

❖

हे राजन! आप सब लोगों के सुख के लिए नदी, नद, तड़ाग, समुद्रादि के पार उतरने के लिए नौका आदि बनाकर धनार्जन निरंतर कीजिए।

—ऋग्वेद भाष्य 4.19.6

❖

वही राजा होने योग्य है, जिसको समस्त प्रजाजन स्वीकार करें।

—ऋग्वेद भाष्य 1.2.8

❖

जो राजा सबका पोषक हो, जिसकी सब दिशाओं में कीर्ति हो, ऐश्वर्ययुक्त, सभा के कार्यों में चतुर, पशुओं का रक्षक और वेदों का ज्ञाता हो, उसी को राजा और सेना के सब मनुष्य अपना अधिष्ठाता बनाकर उन्नति दें।

—यजुर्वेद भाष्य 9.32

❖

हे मनुष्यो! जो संपूर्ण राजकर्मों में निपुण हो, उसको राजा बनाकर न्याय से राज्य का पालन करो।

—यजुर्वेद भाष्य 12.11

राजा अपने मन से एक भी काम न करे, जब तक सभासदों की अनुमति न हो।

—सत्यार्थ प्रकाश, षष्ठम समुल्लास

❖

हे राजन्! आप यथार्थ वक्ता विद्वानों का संग निरंतर कीजिए और उनके उपदेश से न्यायपूर्वक राज्य का पालन करके प्रशंसित होइए।

—ऋग्वेद भाष्य 4.3.15

❖

अकेला राजा स्वाधीन या उन्मुक्त होकर प्रजा का नाशक होता है, अर्थात् वह राजा प्रजा को खाए जाता है, इसीलिए किसी एक को स्वाधीन न करना चाहिए।

—सत्यार्थ प्रकाश, षष्ठम समुल्लास

❖

हे विद्यामय न्यायकारी सर्वशक्तिमान भगवान्! हमको सभासद, सभाप्रिय सभा ही हमारा न्यायकारी राजा हो। किसी एक मनुष्य को हम लोग राजा कभी न बनाएँ, किंतु आपको ही हम लोग सभापति, सभाध्यक्ष राजा मानें।

—आर्याभिविनय

❖

हे मनुष्यो! इस मनुष्य के समुदाय में परम ऐश्वर्य का कर्ता, शत्रुओं को जीत सके, जो शत्रुओं से पराजित न हो, राजाओं में सर्वोपरि विराजमान, प्रकाशमान हो सभापति होने के अत्यंत योग्य, प्रशंसनीय, गुण-कर्म और स्वभावयुक्त, सत्करणीय, समीप जाने और शरण लेने योग्य, सबका माननीय हो, उसी को सभापति राजा बनाएँ।

—सत्यार्थ प्रकाश, षष्ठम समुल्लास

जब राजा सभाजनों को पूछे कि इस अधिकार में कौन पुरुष रखने योग्य है, तब संपूर्ण जन धार्मिक योग्य पुरुष को नियत करने में सम्मति दें। राजा को भी चाहिए कि योग्य पुरुषों को ही राजकर्म में नियत करे, जिससे कि नित्य प्रशंसा मिले।

—ऋग्वेद भाष्य 4.4.8

❖

हे मनुष्यो! जैसे सूर्य के उदय होते ही अंधकार के निवृत्त होने और प्रकाश के होने पर सब लोग आनंदित होते हैं, वैसे ही धर्मात्मा राजा के होने पर प्रजाओं में सब प्रकार से व्यवस्था होती है।

—यजुर्वेद भाष्य 33.20

❖

जैसे सूर्य और मेघ परस्पर युद्ध करते हैं, वैसे ही राजा शत्रु के साथ संग्राम करे और जैसे सूर्य किरणों से सब कार्यों को सिद्ध करता है, वैसे ही राजा सेना और मंत्रियों से संपूर्ण राजकृत्य सिद्ध करे।

—ऋग्वेद भाष्य 5.30.4

❖

जो राजा आदि मनुष्य विद्वान् होकर सभा में परस्पर एक सम्मति करके विरोध का नाश करने से एकता के प्रयत्न करते हैं, वे अखंडित सामर्थ्यवाले होते हैं।

—ऋग्वेद भाष्य 6.28.8

❖

हे मनुष्यो! जो पूर्ण ब्रह्मचर्य किए हुए का पुत्र और वह स्वयं भी पूर्ण ब्रह्मचर्य और विद्या से युक्त और प्रशंसित आचरण करने और सुख देनेवाला हो, वह ही आपका और हम लोगों का राजा हो।

—ऋग्वेद भाष्य 4.24.1

हे मनुष्यो! उसी को राजा मानो, जो संपूर्ण शास्त्रों को जाननेवाला, पुरुषार्थी, धार्मिक और इंद्रियों को वश में रखनेवाला हो।

—ऋग्वेद भाष्य 6.23.3

❖

मनुष्यों को चाहिए कि जिसने ब्रह्मचर्य नियम के साथ सब विद्या पढ़ी हो, जो धर्मात्मा आलस्य और पक्षपात को छोड़कर उत्तम कर्मों का पालन करता हो और आत्मा तथा शरीर के बल से पूरा हो, उसे सारी प्रजा की रक्षा करने के लिए राजा बनाएँ।

—यजुर्वेद भाष्य 17.23

❖

हे मनुष्यो! जिसे वज्र के समान दृढ, अग्नि के समान पवित्र, कृपालु, दर्शनीय शरीर, विद्वान् धर्मात्मा जानो, इनमें से उसी को राजा मानो।

—ऋग्वेद भाष्य 7.3.9

❖

राजा को अति उचित है कि अपनी सेना को सदैव अच्छी शिक्षा, हर्ष, उत्साह और पोषण से युक्त रखे। जब शत्रु के साथ युद्ध किया जाए, तब अपने राज्य को उपद्रव रहित कर युक्ति तथा बल से शत्रुओं को मारे और सज्जनों की रक्षा करके सर्वत्र सुंदर कीर्ति फैलाए।

—यजुर्वेद भाष्य 11.15

❖

हे मनुष्यो! जैसे ईश्वर द्वारा नियुक्त हुआ सूर्यलोक प्रति क्षण अपनी क्रिया को नहीं छोड़ता, वैसे ही जो राजा न्याय से राज्य का पालन करने के लिए प्रतिक्षण उद्योग करता है, एक क्षण भी व्यर्थ नहीं खोता और सब मनुष्यों को उत्तम कर्मों के बीच बर्ताव कर उन्हें प्रेरणा देता है, वही

शम-दम आदि शुभ गुणों से युक्त राजा बनने योग्य है।

—ऋग्वेद भाष्य 6.71.4

सभी सभाजनों और प्रजाजनों को चाहिए कि जिसकी पुण्य, प्रशंसा, सुंदर रूप, न्याय, विनय, शूरता, तेज, अपक्षपात, मित्रता, सभी कार्यों में उत्साह, आरोग्य, बल, पराक्रम, धीरता, जितेंद्रियता, वेदादि शास्त्रों में श्रद्धा और प्रजा पालन में प्रीति हो, उसी को सभा का अधिपति राजा मानें।

—यजुर्वेद भाष्य 8.49

जो राजा धार्मिक हो, उसका विरोध कभी न करें। उससे सदैव मेलजोल रखें और जो प्रबल दुष्ट हो, उसके जीतने के लिए पूर्वोक्त प्रयोग करना उचित है।

—सत्यार्थ प्रकाश, षष्ठम समुल्लास

राजा को ऐसा प्रयत्न करना चाहिए, जिससे वेदविद्या का प्रचार हो तथा शत्रुओं पर विजय सुगम हो।

—यजुर्वेद भाष्य 9.2

राजा और प्रजा

जो व्यापार करनेवाले या शिल्पी को सुवर्ण या चाँदी का जितना लाभ हो, उसमें से पचासवाँ भाग, चावल आदि अन्नों में छठा, आठवाँ या बारहवाँ भाग राजा लिया करे और जो धन ले तो भी उस प्रकार से ले कि जिससे किसान आदि खाने-पीने और धन से रहित होकर दुःख न पाएँ, क्योंकि प्रजा के धनाढ्य, आरोग्य, खान-पान आदि से संपन्न रहने

पर राजा की बड़ी उन्नति होती है। प्रजा को राजा अपनी संतान के समान सुख दे तथा प्रजा राजा और राजपुरुषों को जाने। यह बात सही है कि राजाओं के राजा किसान आदि परिश्रम करनेवाले हैं और राजा उनका रक्षक है। जो प्रजा न हो तो राजा किसका और जो राजा न हो तो प्रजा किसकी!

—सत्यार्थ प्रकाश, षष्ठम समुल्लास

❖

राजा और प्रजा के पुरुषों को चाहिए कि न्याय से प्रजा की रक्षा करें, अग्नि के समान शत्रुओं को मारें और सुख देनेवाले पुरुष को सेनापति बनाएँ।

—यजुर्वेद भाष्य 11.26

❖

राज्य

जिस राज्य में श्रेष्ठ, मध्यस्थ और निकृष्ट अर्थात् नीची श्रेणी में वर्तमान, धर्मात्मा विद्वान् और अविद्वान् लोग अपने स्वराज्य के प्रिय शत्रुओं का नाश करनेवाले, अपने स्वामी के भक्त होते हैं, वह राष्ट्र सदा बढ़ता है, ऐसा जानना चाहिए।

—ऋग्वेद भाष्य 4.25.8

❖

उत्तम, मध्यम और निकृष्ट गुण, कर्म और स्वभाव के भेद से जो-जो राज्य हैं, वहाँ वैसे-वैसे ही उत्तम, मध्यम, निकृष्ट गुण, कर्म और स्वभाव के मनुष्यों का स्थापन कर और चक्रवर्ती राज्य स्थापित करके सबको आनंद भोगना तथा भोगवाना चाहिए।

—ऋग्वेद भाष्य 1.108.9

❖

राज्य मनुष्यों के भौतिक, इहलौकिक, आध्यात्मिक एवं पारलौकिक हितों का साधन करनेवाला है।

—सत्यार्थ प्रकाश, षष्ठम समुल्लास

❖

जो विद्वान् राज्य बढ़ाने की इच्छा करें, वे बड़े अग्नियंत्र से चलाने योग्य नौकाओं को बनाकर द्वीप-द्वीपांतरों में आ-जाकर व्यवहार से धनादि के लाभों को बढ़ाकर अपने राज्य को धन-धान्य से विभूषित करें।

—ऋग्वेद 1.80.8

❖

हे राजाधिराज! जैसा सत्य, न्याययुक्त और अखंडित आपका राज्य है, वैसा न्यायराज्य हम लोगों का भी आपकी ओर से स्थिर हो, आपके राज्य के अधिकारी किंकर अपने कृपा-कटाक्ष से हमको शीघ्र ही स्थिरता प्रदान करें।

—आर्याभिविनय

❖

जब किसी राज्य पर शासन करने के इच्छुक व्यक्ति का पूर्वोक्त विधि से निर्वाचन किया जाता है और राजपद पर अभिषेक किया जाता है तो वह सभी प्रकार के ऐश्वर्यों को प्राप्त करता है और सभी प्रकार के राज्योचित शान-शौकत को प्राप्त कर लेता है तथा युद्धों में विजय प्राप्त करता है। सर्वत्र विजयी होता है तथा सब प्रकार के उत्तम लोकों को प्राप्त करता है। वह सभी राजाओं के मध्य में अत्यंत गौरवशाली उच्च पद एवं अभिजात तथा महती प्रतिष्ठा को प्राप्त करता है। वह उस उत्तम व्यवस्था को प्राप्त करता है, जो शत्रुओं पर विजय पाने के आनंद से और शत्रुओं को दीन-हीन बनाने से प्राप्त होती है। शत्रुओं को हराने और दमन करने

से प्राप्त आत्मसंतुष्टि के कारण वह राजसभा में सर्वोच्च स्थान को पा लेता है, उत्तम ऐश्वर्यों को, स्वायत्त शासन को, विभिन्न राजाओं पर राज्य करने की सत्ता को, सर्वोच्च साम्राज्यवादी सत्ता तथा ऊपर वर्णित प्रभुसत्ता संपन्न हो जाता है। जिस राज्य में राज सभासदों द्वारा उपरोक्त गुणों से अलंकृत क्षत्रिय को राज्य के पद पर अभिषिक्त किया जाता है तथा राज्यसभा का अध्यक्ष निर्वाचित किया जाता है, उस राज्य के लोग किसी प्रकार की विपत्ति अथवा दुर्भाग्य से आतंकित नहीं होते अर्थात् उस राज्य में सब प्रकार का सुख और आनंद रहता है।

—ऋग्वेदादि भाष्य भूमिका

हे राजा एवं प्रजा के मनुष्यो! जो विद्वान् माता और पिता से अच्छी प्रकार सुशिक्षित, कुलीन, बड़े उत्तम गुण, कर्म और स्वभावयुक्त जितेंद्रियादि गुणयुक्त अड़तालीस वर्षपर्यंत ब्रह्मचर्य से पूर्ण विद्या से, सुशील, शरीर और आत्मा से पूर्ण बलयुक्त, धर्म से प्रजा का पालक प्रेमी और विद्वान् हो, उसे सभापति राजा मानकर चक्रवर्ती राज्य का पालन करे।

—यजुर्वेद भाष्य 9.40

जो जनभूमि के गुणों का जाननेवालों की विद्या को जानकर उससे उपयोग करना जानते हैं, वे अत्यंत बल को पाकर सारी पृथ्वी का राज्य कर सकते हैं।

—ऋग्वेद भाष्य 1.160.5

व्यवस्था

सभासदों और सेनापति आदि मनुष्यों को चाहिए कि शत्रुओं को

जीतकर न्याय की व्यवस्था से सब प्रजा का पालन किया करें।

—यजुर्वेद भाष्य 8.38

❖

वैदिक युग में देश में भिन्न-भिन्न प्रकार की सभाएँ थीं। उनमें राजार्य ही मुख्य थी और धर्मसभाएँ भी थीं। धर्मसभा को और किसी प्रकार का अधिकार न था, किंतु उसमें धर्माधर्म का विवेचन और उपदेश होता था। परीक्षा और शिल्पोन्नति की ओर भी इस सभा का ध्यान रहता था। न्यूनाधिक के विषय में राजार्य सभा को विदित करके राजार्य सभा की ओर से दंडादि की व्यवस्था होती थी।

—उपदेश मंजरी (पूना प्रवचनों का संग्रह)

❖

सब वर्णों में धार्मिक विद्वान्, निष्कपटी, सब प्रकार से धर्म को जाननेवाले, लोभरहित, सत्यवादी को न्याय व्यवस्था में साक्षी करें।

—सत्यार्थ प्रकाश, षष्ठम समुल्लास

❖

राजा और मंत्री

जो राजा और मंत्रिजन परस्पर सम्मत होकर नम्रता से राज्य की शिक्षा करते हैं तो द्वेष, निंदा और अधर्माचरण से अलग होकर उत्तम शिष्टाचार करते हुए दसों दिशाओं में यश फैलाते हैं।

—ऋग्वेद भाष्य 4.4.15

❖

स्वराज्य, स्वदेश में उत्पन्न हुए वेदादि शास्त्रों के जाननेवाले, शूरवीर, जिनका लक्ष्य अर्थात् विचार निष्फल न हो और कुलीन, अच्छी तरह

सुशिक्षित, सात व आठ उत्तम धार्मिक, चतुर मंत्री बनाएँ, इससे सभापति के साथ सामान्य व्यवहार करके किसी से मित्रता, किसी से विरोध, स्थिति और समय को देखकर चुप रहना, अपने राज्य की रक्षा करके बैठे रहना, जब अपना उदय अर्थात् वृद्धि हो, तब दुष्ट शत्रु पर चढ़ाई करना, मूल राजसेना, कोश आदि की रक्षा, जो-जो देश प्राप्त हों, उनमें शांति स्थापित करना, उपद्रव रहित करना, इन छह गुणों का विचार नित्यप्रति किया करें। अन्य भी पवित्रात्मा, बुद्धिमान, निश्चित बुद्धि पदार्थों के संग्रह में अति चतुर, सुपरीक्षित मंत्री बनाएँ।

—सत्यार्थ प्रकाश, षष्ठम समुल्लास

❖

जब पिछली प्रहर रात्रि रहे, तब उठकर शौचादि से निवृत्त होकर परमेश्वर का ध्यान, अग्निहोत्र धार्मिक विद्वानों का सत्कार और भोजन करके भीतर सभा में प्रवेश करें। वहाँ खड़ा रहकर जो प्रजाजन उपस्थित हों, उनको मान्यता दें और उनको छोड़कर मुख्यमंत्री के साथ राज्य व्यवस्था का विचार करें। तत्पश्चात् उसके साथ घूमने के लिए जाएँ। पर्वत के शिखर अथवा एकांत घर या जंगल, जिसमें एक शलाका भी न हो, वैसे एकांत स्थान पर बैठकर विरुद्ध भावना का त्यागकर मंत्री के साथ विचार करें। जिस राजा के गूढ़ विचार को अन्य जन मिलकर नहीं जान सकते अर्थात् जिसका गंभीर, शुद्ध परोपकारार्थ सदा गुप्त रहे, वह धनहीन राजा सब पृथ्वी का राज्य करने में समर्थ होता है।

—सत्यार्थ प्रकाश, षष्ठम समुल्लास

❖

व्यवहार

इस संसार में मनुष्य सारे जगत् की रक्षा करनेवाले ईश्वर तथा सभाध्यक्ष को न भूलें, किंतु उनकी अभिभूत में हर कोई अपना-अपना

व्यवहार रखे। प्रजा के विरोध से कोई राजा भी अच्छी ऋद्धि को नहीं पहुँचता और ईश्वर या राजा के बिना प्रजाजन धर्म, अर्थ, काम और मोक्ष के सिद्ध करनेवाले काम भी नहीं कर सकते इससे प्रजाजन और राजा ईश्वर का आश्रय कर एक-दूसरे के उपकार में धर्म के साथ अपना व्यवहार रखें।

—यजुर्वेद भाष्य 8.46

❖

जो सज्जनों सहित सभापति अधर्मयुक्त व्यवहार को धर्म और विद्या की युक्ति से सिद्ध व्यवहार का पालन कर प्रजा के दु:खों को नष्ट करे, वह सभा आदि का अध्यक्ष सभी को मानने योग्य हो, अन्य नहीं।

—ऋग्वेद भाष्य 1.100.18

❖

मनुष्यों को चाहिए कि युद्ध में शत्रुओं को मारकर अपने भृत्य आदि की रक्षा करके सेना के अंगों में वृद्धि करें और बालकों, स्त्री, युद्ध को देखनेवालों तथा दूतों को कभी न मारें।

—ऋग्वेद भाष्य 1.112.22

❖

व्याप्ति

जो दोनों साध्य-साधन अर्थात् सिद्ध करने योग्य और जिससे सिद्ध किया जाए, उन दोनों अथवा एक साधनमात्र धर्म का निश्चित सहचर है, उसी को व्याप्ति कहते हैं।

व्यापक अग्नि तथा व्याप्य, जो धूम्र उसकी निज शक्ति से उत्पन्न होता है अर्थात् अग्नि के छेदन-भेदन सामर्थ्य से जलादि पदार्थ धूम्र रूप में प्रकट होता है और जब वह धूम्र देशांतर में दूर जाता है, तब बिना अग्नि संयोग के भी रहता है, उसी का नाम व्याप्ति है।

शक्ति आधेय रूप और शक्तिमान् आधार रूप के संबंध का नाम ही व्याप्ति है।

—सत्यार्थ प्रकाश, तृतीय समुल्लास

❖

वर्ण

जो शूद्र कुल में उत्पन्न होकर ब्राह्मण, क्षत्रिय, वैश्य के समान गुण, कर्म और स्वभाववाला हो, तो वह शूद्र ब्राह्मण, क्षत्रिय वैश्य हो जाए। वैसे ही जो ब्राह्मण, क्षत्रिय, वैश्य कुल में उत्पन्न हुआ हो और उसके गुण, कर्म और स्वभाव शूद्र के समान हों तो वह शूद्र हो जाए अर्थात् चारों वर्णों में जिस-जिस वर्ण के समान जो पुरुष या स्त्री हो, उसे उसी वर्ण में गिना जाए।

धर्माचारण से निकृष्ट वर्ण अपने से उत्तम वर्ण को प्राप्त होता है और वह उसी वर्ण में गिना जाए, जिस-जिस के योग्य हो।

वैसे अधर्माचरण के पहले अर्थात् उत्तम वर्णवाला मुनष्य अपने से नीचेवाले वर्ण को प्राप्त होता है और वह उसी वर्ण में गिना जाए।

जैसे पुरुष जिस-जिस वर्ण के योग्य होता है, वैसे ही स्त्रियों की भी व्यवस्था समझी जानी चाहिए। इससे यह सिद्ध हुआ कि इस प्रकार होने से सब वर्ण अपने-अपने गुण, कर्म, स्वभावयुक्त होकर शुद्धता के साथ रहते हैं अर्थात् ब्राह्मण कुल में कोई क्षत्रिय, वैश्य शूद्र सदृश न रहे और क्षत्रिय, वैश्य, शूद्र वर्ण भी शुद्ध रहते हैं।

—सत्यार्थ प्रकाश, चतुर्थ समुल्लास

❖

व्यक्ति के वर्ण का निर्धारण जन्म पर आधारित न होकर उसके गुणों के आधार पर होना चाहिए। वर्ण व्यवस्था भी गुण, कर्म और स्वभाव के अनुसार होनी चाहिए।

—सत्यार्थ प्रकाश, चतुर्थ समुल्लास

जो ब्राह्मणादि उत्तम कर्म करते हैं, वे ही ब्राह्मणादि और जो नीच भी उत्तम वर्ण के गुण, कर्म और स्वभाववाला हो तो उसको भी उत्तम वर्ण में और जो उत्तम वर्णस्थ होकर नीच काम करे तो उसको नीच वर्ण में गिनना अवश्य चाहिए।

—सत्यार्थ प्रकाश, चतुर्थ समुल्लास

❖

जिस-जिस पुरुष में जिस-जिस वर्ण के गुण-कर्म हों, उस-उस वर्ण का अधिकार देना चाहिए। ऐसी व्यवस्था रखने से सब मनुष्य उन्नतिशील होते हैं, क्योंकि उत्तम वर्णों को भय होगा कि जो हमारे सनातन मूर्खत्वादि दोषयुक्त होंगे तो शूद्र हो जाएँगे और संतान भी डरती रहेगी कि जो हम उक्त चाल-चलन और विद्यायुक्त न होंगे तो शूद्र होना पड़ेगा और नीच वर्णों का उत्तम वर्णस्थ होने के लिए उत्साह बढ़ेगा।

—सत्यार्थ प्रकाश, चतुर्थ समुल्लास

❖

वृद्धि

हे महाराजाधिरेश्वर! प्रत्येक युद्ध में हमारी सेना की उत्कृष्ट रीति से कृपा करके रक्षण करो, जिससे किसी युद्ध में क्षीण होकर हम पराजय को न प्राप्त हों, किंतु जिनके आप सहायक हैं, उनकी सर्वत्र ही विजय होती है। हे महाधनेश्वर! हमारे शत्रुओं के पराक्रमादि को प्रभग्न रुग्ण करके नष्ट कर दें। हम चक्रवर्ती राज्य व साम्राज्य धन को सुख से प्राप्त करें अर्थात् आपके करुणा-कटाक्ष से हमारा राज्य और धन सदा वृद्धि को प्राप्त हो।

—आर्याभिविनय

❖

वानप्रस्थ

वानप्रस्थ उन्हें कहते हैं, जो विवाह से संतानोत्पत्ति करें और उनका पुत्र भी पूर्ण ब्रह्मचर्य के बाद विवाह करे तथा उनके पुत्र को एक संतान हो अर्थात् जब पुत्र का पुत्र हो जाए, तब वानप्रस्थ आश्रम में प्रवेश करें।

जब गृहस्थ वानप्रस्थ होने की इच्छा करे, तब अग्निहोत्र सामग्री सहित गाँव से निकलकर जंगल में जितेंद्रिय होकर निवास करें।

जब वानप्रस्थ की दीक्षा लें, तब गाँव में उत्पन्न हुए पदार्थों का आहार और घर के सब पदार्थों को छोड़कर पुत्रों में अपनी पत्नी को छोड़कर अथवा संग लेकर वन में जाएँ।

हे मनुष्यो! जो विद्वान् लोग जंगल में शांति के साथ योगाभ्यास और परमात्मा में प्रीति करके वनवासियों के समीप बसते हैं और भिक्षाचरण करते हुए जंगल में निवास करते हैं, वे ही निर्दोष, निष्पाप और निर्मल होकर प्राण के द्वारा, जहाँ मरण-जन्म से पृथक् नाशरहित पूर्ण परमात्मा विराजमान है, वहीं जाते हैं। अतः वानप्रस्थ करना उत्तम है।

—संस्कार विधि, वानप्रस्थ प्रकरण

❖

-वानप्रस्थ को उचित है कि वह 'मैं अग्नि में होम कर दीक्षित होकर सत, सत्याचरण और श्रद्धा को प्राप्त होऊँ', ऐसी इच्छा के साथ वानप्रस्थ हो।

—सत्यार्थ प्रकाश, पंचम समुल्लास

❖

जब गृहस्थ के सिर के केश श्वेत और त्वचा ढीली हो जाए तथा लड़के का लड़का भी हो गया हो, तब वन में जाकर बसें।

ग्राम के सब आहार और वस्त्रादि सब उत्तमोत्तम पदार्थों को छोड़कर स्त्री को पुत्रों के पास रख या अपने साथ लेकर वन में निवास करें।

सांगोपांग अग्निहोत्र को लेकर, ग्राम से निकलकर, दृढ़ेंद्रिय होकर वन में जाकर बसें।

—सत्यार्थ प्रकाश, पंचम समुल्लास

❖

विजय

जब कभी प्रजा का पालन करनेवाले राजा को कोई अपने से छोटा, तुल्य और उत्तम संग्राम में आह्वान करे तो क्षत्रियों के धर्म का स्मरण करके संग्राम में जाने से कभी निवृत्त न हो अर्थात् बड़ी चतुराई के साथ उनसे युद्ध करे, जिससे अपनी ही विजय हो।

—सत्यार्थ प्रकाश, षष्ठम समुल्लास

❖

विद्वान्

जो विद्वान् राज्य के बढ़ाने की इच्छा करें, वे बड़े अग्नियंत्र से चलाने योग्य नौकाओं को बनाकर द्वीप-द्वीपांतर में आ-जाकर व्यवहार से धन आदि के लाभों को बढ़ाकर अपने राज्य को धन-धान्य से सुभूषित करें।

—ऋग्वेद भाष्य 1.80.8

❖

विद्वानों को चाहिए कि जैसे मनुष्य और घोड़े आदि पशु पैरों से चलते हैं, वैसे चलनेवाली बड़ी नाव रचकर और एक द्वीप से दूसरे द्वीप या समुद्र में युद्ध अथवा व्यवहार के लिए जाए तथा आय करके ऐश्वर्य की निरंतर उन्नति करें।

—ऋग्वेद भाष्य 1.140.12

❖

जैसे मनुष्य अच्छी प्रकार सिद्ध किए हुए विमान आदि यान से अति कठिन मार्गों में भी सुख से आना-जाना करके कार्यों को सिद्ध कर

समस्त दरिद्रता आदि दुख से छूटते हैं, वैसे ही ईश्वर की सृष्टि के पृथ्वी आदि पदार्थों या विद्वानों का ज्ञान उपकार में लाकर उनका अच्छी प्रकार सेवन कर सुख को प्राप्त हो सकते हैं।

—ऋग्वेद भाष्य 1.106.1

❧❖❧

इस संसार में विद्वानों के साथ अविद्वान् और अविद्वानों के साथ विद्वान् जन प्रीति से नित्य अपना बरताव रखें। इस काम के बिना शिल्प, विद्या, सिद्धि, उत्तम बुद्धि, बल और श्रेष्ठ प्रजाजन कभी नहीं हो सकते।

—ऋग्वेद भाष्य 1.111.2

❧❖❧

जो विद्वान् मनुष्य या विदुषी पंडिता स्त्री लड़के-लड़कियों को शीघ्र विद्वान् और विदुषी करते हैं या जो वणिक सब देशों की भाषाओं को जानकर देश-देशांतर और द्वीप-द्वीपांतर से धन को लाएँ, वे ऐश्वर्ययुक्त होते हैं, वे सब प्रकार से सत्कार करने योग्य हैं।

—ऋग्वेद भाष्य 1.122.14

❧❖❧

सब विद्याओं को जाननेवाले विद्वान् को चाहिए कि राज-व्यवहार में सेना के वीर पुरुषों की रक्षा करने के लिए अच्छी शिक्षायुक्त, शस्त्र और अस्त्र विद्या में परम प्रवीण यज्ञ के अनुष्ठान करनेवाले वीर पुरुष को सेनापति के काम में नियुक्त करें।

—यजुर्वेद भाष्य 7.22

❧❖❧

विद्या

प्रत्येक वर्ण के बालक और बालिका को विद्या ग्रहण करनी चाहिए।

विद्या ग्रहण कर विद्वान् धर्मात्मा होकर निर्भयता से सब प्राणियों के कल्याण का उपदेश करे।

—सत्यार्थ प्रकाश, दशम समुल्लास

❖

आर्यावर्त के राजपुरुषों की स्त्रियाँ धनुर्वेद अर्थात् युद्धविद्या भी अच्छी प्रकार जानती थीं, क्योंकि न जानती होतीं तो कैकेयी दशरथ के साथ युद्ध में क्योंकर जा सकती थी और युद्ध कर सकती थी? अतः ब्राह्मणों और क्षत्रियों को सभी विद्या, वैश्य को व्यवहार विद्या और शूद्रों को पारकादि विद्या अवश्य ग्रहण करनी चाहिए।

—सत्यार्थ प्रकाश, तृतीय समुल्लास

❖

मनुष्य जितनी विद्या बाहर के पदार्थों से सिद्ध करते हैं, उससे कहीं अधिक भीतर के पदार्थों से सिद्ध कर सकते हैं। जैसे बाहर के पदार्थों का उपयोग बाहर से होता है, वैसे ही भीतर के पदार्थों का उपयोग भीतर से होता है। जैसे स्थूल पदार्थों की क्रिया आँखों से नहीं दिखाई पड़ती है, वैसे ही सूक्ष्म पदार्थों की क्रिया आँखों से नहीं दिखाई पड़ती है। इसी कारण लोग आश्चर्य मानते हैं। हाँ, यह कह सकते हैं कि बहुत से धूर्त लोग उस विद्या को तो जानते ही नहीं, बस झूठे जाल रचकर सत्य विद्या को बदनाम करते हैं।

—बाबू माधोप्रसाद को लिखे पत्र से उद्धृत

❖

भारतवर्ष की स्त्रियों में भूषणरूपी गार्गी आदि वेदादि शास्त्रों को पढ़कर पूर्ण विदुषी हुई थीं। भला जो पुरुष विद्वान् और स्त्री अविदुषी और स्त्री विदुषी और पुरुष अविद्वान् हो तो नित्य प्रति देवासुर संग्राम घर में मचा रहे तो फिर सुख कहाँ? अतः जो स्त्री न पढ़े तो कन्याओं की

पाठशाला में अध्यापिका क्योंकर हो सके तथा राजकीय न्यायाधीश इत्यादि गृहस्थाश्रम का कार्य, जो पति को स्त्री और स्त्री को पति प्रसन्न रखना, घर के सभी कार्य स्त्री के अधीन रखना इत्यादि कार्य बिना विद्या के अच्छी प्रकार कभी नहीं हो सकते।

—सत्यार्थ प्रकाश, तृतीय समुल्लास

❖

बिना विद्या के किसी को शोभा प्राप्त नहीं होती, इसीलिए जब बालक आठ वर्ष के हों, तभी लड़कों को लड़कों की और लड़कियों को लड़कियों की पाठशाला में भेज दें।

—सत्यार्थ प्रकाश, तृतीय समुल्लास

❖

आलस्य अर्थात् शरीर और बुद्धि में जड़ता, नशा, किसी वस्तु में फसावट, चपलता, इधर-उधर की व्यर्थ कथा कहना-सुनना, पढ़ते-पढ़ते रुक जाना, अभिमानी और अत्यागी होना, ये आठ दोष होते हैं। जिन विद्यार्थियों में ये आठ दोष होते हैं, उन्हें विद्या कभी नहीं आती।

—सत्यार्थ प्रकाश, चतुर्थ समुल्लास

❖

जो विद्या, धर्म और राजसभाओं में आज्ञा प्रकाशित हो, सभी मनुष्य उसका श्रवण और अनुष्ठान करें। जो सभासद हों, वे भी पक्षपात को छोड़कर प्रतिदिन सबके हित के लिए सब मिलकर जैसे अविद्या, अधर्म और अन्याय का नाश हो, वैसा प्रयत्न करें।

—ऋग्वेदादि भाष्य भूमिका 1.44.4

❖

हे राजा आदि पुरुषो! तुम लोग इस जगत् में कन्याओं को पढ़ाने

के लिए शुद्ध विद्या की परीक्षा करनेवाली स्त्री को नियुक्त करो।

—यजुर्वेद भाष्य, अध्याय 10 मंत्र 6

❖

राज्य पालन की उत्तम व्यवस्था बिना विद्या के कभी नहीं हो सकती, क्योंकि सुशिक्षा द्वारा ही शरीर तथा आत्मा का पूर्ण बल बढ़ाया जा सकता है। बल और बुद्धि का नाशक व्यभिचार तथा अति विषयासक्ति है। विशेषत: क्षत्रियों को दृढांग और बलयुक्त होना चाहिए, क्योंकि यदि वे ही विषयासक्त होंगे तो राज्य धर्म ही नष्ट हो जाएगा और यदि केवल आत्मा का बल अर्थात् विद्या ज्ञान बढ़ाते जाएँ और शरीर का बल न बढ़ाएँ तो एक ही बलवान् पुरुष ज्ञानी और सैकड़ों विद्वानों को जीत सकता है।

—सत्यार्थ प्रकाश, षष्ठम समुल्लास

❖

विशेषकर राजा का यह कर्तव्य है कि वह इतर क्षत्रिय, वैश्य और उत्तम शूद्रजनों को भी विद्या का अभ्यास अवश्य कराएँ, क्योंकि जो ब्राह्मण हैं, वे ही केवल विद्याभ्यास करें और क्षत्रियादि न करें तो विद्या, धर्म, राज्य और धनादि की वृद्धि कभी नहीं हो सकती। ब्राह्मण तो केवल पढ़ने-पढ़ाने और क्षत्रियादि से जीविका को प्राप्त होकर जीवन धारण कर सकते हैं। जीविका के अधीन और क्षत्रियादि के आज्ञादाता और यथावत् परीक्षक दंडदाता न होने से ब्राह्मणादि सब वर्ण पाखंड में फँस जाते हैं। जब क्षत्रियादि विद्वान् होते हैं, तब ब्राह्मण भी अधिक विद्याभ्यास और धर्मपथ पर चलते हैं और उन क्षत्रियादि विद्वानों के सामने पाखंड, झूठा व्यवहार भी नहीं कर सकते। जब क्षत्रियादि अविद्वान् होते हैं तो वे जैसे अपने मन में होता है, वैसा ही करते-कराते हैं। अत: ब्राह्मण भी अपना कल्याण चाहें तो क्षत्रियादि को वेदादि सत्य शास्त्र का अभ्यास अधिक

प्रयत्न से कराएँ, क्योंकि क्षत्रियादि ही विद्या, धर्म, राज्य और लक्ष्मी की वृद्धि करनेवाले हैं। वे कभी भिक्षावृत्ति नहीं करते, इसीलिए वे विद्या व्यवहार में पक्षपाती भी नहीं हो सकते और जब सब वर्णों में विद्या, सुशिक्षा होती है, तब कोई भी पाखंड रूपी अधर्मयुक्त मिथ्या व्यवहार को चला नहीं सकता।

—सत्यार्थ प्रकाश, तृतीय समुल्लास

❖

महाराज कुमार के संस्कार सब वेदोक्त कराइएगा। 25 वर्ष तक ब्रह्मचारी रखकर प्रथम देवनागरी भाषा और पुनः संस्कृत विद्या, जो कि सनातन आर्ष ग्रंथ हैं, जिनके पढ़ने में परिश्रम और समय कम हो तथा महालाभ प्राप्त हो, इन दोनों को पढ़ें। तत्पश्चात् यदि समय हो तो अंग्रेजी भी जो व्याकरण और फिलॉसफी के ग्रंथ हैं, पढ़ाने चाहिए।

—स्वामी दयानंद सरस्वती के पत्र और विज्ञापन से उद्धृत

❖

राजपुरुषों को चाहिए कि युद्ध विद्या को जानकर और अस्त्र-शस्त्रों को धारण कर मनुष्यादि श्रेष्ठ प्राणियों को क्लेश न दें या न मारें, किंतु मंगलरूप आचरण से सबकी रक्षा करें।

—यजुर्वेद भाष्य 16.3

❖

विद्या और ब्रह्मचर्य

जैसे लड़के ब्रह्मचर्य के पालन से पूर्ण विद्या और सुशिक्षा को प्राप्त होकर युवती, विदुषी, अपने अनुकूल प्रिय सदृश स्त्रियों के साथ विवाह करते हैं, वैसे कुमारी (कन्या) ब्रह्मचर्य पालन (ब्रह्मचर्येण) से वेदादि शास्त्रों को पढ़कर पूर्ण विद्या और उत्तम शिक्षा को प्राप्त युवती होकर पूर्ण

युवावस्था में अपने सदृश, प्रिय, विद्वान्, पूर्ण युवावस्था युक्त पुरुष को प्राप्त करे। अत: स्त्रियों को भी विद्या और ब्रह्मचर्य को अवश्य ग्रहण करना चाहिए।

—सत्यार्थ प्रकाश, तृतीय समुल्लास

विवाह

विवाह उसे कहते हैं, जो पूर्ण ब्रह्मचर्य व्रत, विद्या और बल को प्राप्त तथा सब प्रकार से शुभ गुण-कर्म और स्वभावों में तुल्य परस्पर प्रीतियुक्त होकर संतानोत्पत्ति और अपने-अपने वर्णाश्रम के अनुकूल उत्तम कर्म करने के लिए स्त्री और पुरुष का संबंध होता है।

—संस्कार विधि, विवाह संस्करण प्रकरण

गुरु की आज्ञा से स्नान कर गुरुकुल से अनुक्रमपूर्वक आकर ब्राह्मण, क्षत्रिय, वैश्य अपने वर्णानुकूल सुंदर लक्षणयुक्त कन्या से विवाह करें।

जो कन्या माता के कुल की छह पीढ़ियों में न हो और पिता के गोत्र की न हो, उस कन्या से विवाह करना उचित है।

लड़का-लड़की के अधीन विवाह होना उचित है। जो माता-पिता विवाह कराने का कभी विचार करें तो भी लड़का-लड़की की प्रसन्नता के बिना नहीं होना चाहिए, क्योंकि जो उनमें प्रसन्नता रहे तो उन्हीं को सुख और विरोध में उन्हीं को दुख होता है। एक-दूसरे की प्रसन्नता से विवाह होने में विरोध बहुत कम होता है और संतान भी उत्तम होती है। अप्रसन्नता के विवाह में नित्य क्लेश ही रहता है। विवाह में मुख्य प्रयोजन वर और कन्या का है, माता-पिता का नहीं।

जिस कुल में स्त्री से पुरुष और पुरुष से स्त्री प्रसन्न रहती है, उसी कुल में आनंद, लक्ष्मी और कीर्ति निवास करती है और जहाँ विरोध-कलह होता है, वहाँ दुख, दरिद्रता व निंदा निवास करती है। अत: जैसी

स्वयंवर की रीति आर्यावर्त में परंपरा से चली आती है, वही उत्तम है।

जब स्त्री-पुरुष विवाह करना चाहें, तब विद्या, विनय, शील, रूप, आयु, बल, कुल, शरीर का परिमाणादि यथायोग्य होना चाहिए। जब तक इनका मेल नहीं होता, तब तक विवाह में कुछ भी सुख नहीं होता और न बाल्यावस्था में विवाह करने में सुख होता है।

—सत्यार्थ प्रकाश, चतुर्थ समुल्लास

❖

चाहे जीवनपर्यंत कन्या पिता के घर में बिना विवाह के बैठी रहे, परंतु गुणहीन दुष्ट पुरुष के साथ कन्या का विवाह कभी न करें।

—संस्कार विधि, विवाह संस्करण प्रकरण

❖

जो बालक बाल्यावस्था में निकट रहते हैं, वे परस्पर क्रीड़ा, लड़ाई और प्रेम करते, एक-दूसरे के गुण-दोष, स्वभाव, बाल्यावस्था के विपरीत आचरण जानते हैं और जो नंगे भी एक-दूसरे को देखते हैं, उनका परस्पर विवाह होने से प्रेम कभी नहीं हो सकता।

जैसे पानी में मिलने से विलक्षण गुण नहीं होता, वैसे एक गोत्र, पितृ या मातृकुल में विवाह होने से धातुओं में अदल-बदल नहीं होने से उन्नति नहीं होती।

जैसे दूध में मिश्री या शुंठ्यादि औषधियों का योग होने से उत्तमता होती है, वैसे ही भिन्न गोत्र, मातृ-पितृकुल से पृथक् वर्तमान कन्या और कुमारों का विवाह होना उत्तम है।

जैसे एक देश में रोगी हो, वह दूसरे देश में वायु और खान-पान के बदलने से रोगरहित हो जाता है, वैसे ही दूरस्थ देशों में विवाह होने से उत्तमता होती है।

निकट संबंध करने में एक-दूसरे के निकट होने से सुख-दुःख का भान और विरोध होना भी संभव है, दूर देशस्थों में नहीं और दूरस्थों के विवाह में दूर-दूर प्रेम की डोरी लंबी बढ़ जाती है, निकटस्थ विवाह में नहीं।

—सत्यार्थ प्रकाश, चतुर्थ समुल्लास

जो कुल सत्क्रिया से हीन, सत्पुरुषों में रहित, वेदाध्ययन से विमुख, शरीर पर बड़े-बड़े लोम, बवासीर, क्षय, दमा, खाँसी, मिरगी, आमाशय, श्वेतकुष्ठ और गलित कुष्ठ युक्त हों, उन कुलों की कन्या या वर के साथ विवाह नहीं होना चाहिए।

पीत वर्णवाली, पुरुष से लंबी-चौड़ी, अधिक बलवाली, रोगयुक्ता सर्वथा लोभरहित, बहुत लोमवाली, बकवाद करनेवाली और भूरे नेत्रवाली कन्या से विवाह न करें।

—सत्यार्थ प्रकाश, चतुर्थ समुल्लास

वेद

जो वेद के अनुसार चलता है, वही वास्तव में वैदिक धर्म का अनुयायी है।

—फर्रुखाबाद की पौराणिक धर्मसभा में व्याख्यान
8 अक्तूबर, 1878

वेद की आज्ञानुसार देश को सुधारने में अत्यंत श्रद्धा, प्रेम और भक्ति सबके परस्पर सुख के अर्थ तथा उनके क्लेशों को मेटने में सत् व्यवहार और उत्कंठा के साथ अपने शरीर के सुख-दुःख के समान जानकर सर्वदा यत्न और उपाय करने चाहिए, क्योंकि इस देश में विद्या और भूगोल फैला

है। हिंदू मत सभा के स्थान में आर्यसमाज का नाम रखना चाहिए, क्योंकि आर्यसभा नाम हमारा और आर्यावर्त नाम हमारे देश का सनातन वेदोक्त है।

—आर्यसमाज की स्थापना पर लिखे पत्र से उद्धृत 1 अप्रैल, 1878

❖

वेद ही ऐसा ग्रंथ है, जिसकी छत्रच्छाया में संसार के समस्त मानव सुख और शांति पा सकते हैं।

—मेरठ आर्यसमाज के वार्षिकोत्सव भाषण पर

❖

चारों वेदों को मैं निर्भ्रांत स्वतः प्रमाण मानता हूँ। वे स्वयं प्रमाण रूप हैं कि जिनको प्रमाण होने में किसी अन्य ग्रंथ की अपेक्षा नहीं। जैसे सूर्य या प्रदीप अपने स्वरूप से स्वत: प्रकाशक और पृथ्वी आदि लोक के भी प्रकाशक होते हैं, वैसे ही चारों वेद हैं और चारों वेदों के ब्राह्मण, छह अंग, छह उपांग, चार उपवेद और ग्यारह सौ सत्ताईस वेदों की शाखा जो कि वेदों के व्याख्यान रूप ब्रह्मा आदि महर्षियों के बनाए ग्रंथ हैं। उनकी परतः प्रमाण अर्थात् वेदों के अनुकूल होने से प्रमाण और इनमें जो वेद-विरुद्ध कथन हैं, उनका अप्रमाण करता हूँ।

—स्वमंतव्यामंतव्य प्रकाश-2

❖

सत् जिसका कभी नाश नहीं होता, चित्त जो सदा ज्ञान स्वरूप है, जिसे अज्ञान का लेश कभी नहीं होता। आनंद, जो सदा सुखस्वरूप और सबको सुख देनेवाला है; इत्यादि लक्षणों से युक्त पुरुष, जो सब जगत् में परिपूर्ण हो रहा है, जो सब मनुष्यों की उपासना के योग्य इष्टदेव और सब सामर्थ्य से युक्त है, उसी परब्रह्म से (ऋचः) ऋग्वेद, यजु (यजुर्वेद),

सामानि (सामवेद) और छंदासि इस शब्द से अथर्ववेद भी, ये चारों उत्पन्न हुए हैं।

—वेदों के प्रमाण पर उल्लेखन

❖

ईश्वर ने प्रथम वेद रचे हैं, उन्हें पढ़ने के पश्चात् ग्रंथ रचने का सामर्थ्य किसी मनुष्य का हो सकती है। उसके पढ़ने और ज्ञान के बिना कोई भी मनुष्य विद्वान् नहीं हो सकता।

सृष्टि के आरंभ में पढ़ने और पढ़ाने की कुछ भी व्यवस्था नहीं थी तथा विद्या का कोई भी ग्रंथ नहीं था। उस समय ईश्वर के किए वेदोपदेश के बिना विद्या के नहीं होने से कोई मनुष्य ग्रंथ की रचना कैसे कर सकता है, क्योंकि सब मनुष्यों को स्वाभाविक ज्ञान में स्वतंत्रता नहीं है और स्वाभाविक ज्ञान मात्र से किसी को भी विद्या की प्राप्ति नहीं हो सकती। अत: ईश्वर ने सब मनुष्यों के हित के लिए वेदों की उत्पत्ति की है।

—ऋग्वेदादिभाष्य भूमिका वेदोत्पत्ति प्रकरण

❖

जैसे अपनी संतानों के ऊपर पिता और माता सदैव करुणा धारण करते हैं कि सब प्रकार से हमारे पुत्र सुख पाएँ, वैसे ही ईश्वर भी सब मनुष्य आदि सृष्टि पर सदैव कृपादृष्टि रखता है। इससे ही वेदों का उपदेश हम लोगों के लिए किया गया है। जो ईश्वर वेद-विद्या का उपदेश मनुष्यों के लिए न करता तो धर्म, अर्थ, काम और मोक्ष की सिद्धि किसी को यथावत् प्राप्त न होती।

जैसे परम कृपालु ईश्वर ने प्रजा के सुख के लिए कंद, मूल, फल और घास आदि छोटे-छोटे पदार्थ रचे हैं, वैसे ही ईश्वर सब सुखों को प्रकाशित करनेवाली सब सत्य विद्याओं से युक्त वेद-विद्या का उपदेश भी सुख के लिए क्यों न करता, क्योंकि ब्रह्मांड में जितने उत्तम पदार्थ हैं, उनकी प्राप्ति में जितना सुख होता है, उतना सुख विद्या प्राप्ति के सुख

के हजारवें अंश के भी समतुल्य नहीं हो सकता। ऐसा सर्वोत्तम विद्या-पदार्थ जो वेद है, उसका उपदेश ईश्वर क्यों न करता? इससे निश्चय करके यह जानना चाहिए कि वेद ईश्वर के ही बनाए हुए हैं।

—सत्यार्थ प्रकाश, सप्तम समुल्लास

❖

परमेश्वर कहता है कि जैसे मैं सब मनुष्यों के लिए इस संसार और मुक्ति के सुख देनेवाली ऋग्वेदादि चारों वेदों की वाणी का उपदेश करता हूँ, वैसे ही तुम भी करो।

हमने ब्राह्मण, क्षत्रिय, वैश्य और शूद्र अपने भृत्य या स्त्री आदि और अति शूद्रादि के लिए भी वेदों का प्रकाश किया है अर्थात् सब मनुष्य वेदों को पढ़-पढ़ाकर और सुन-सुनाकर विज्ञान को बढ़ाकर अच्छी बातों को ग्रहण और बुरी बातों का त्याग करके दुःखों से टूटकर आनंद को प्राप्त हों।

क्या परमेश्वर शूद्रों का भला नहीं करना चाहता? क्या ईश्वर पक्षपाती है कि वेदों को पढ़ने-सुनने का शूद्रों के लिए निषेध और द्विजों के लिए विधान करे? जो परमेश्वर का अभिप्राय शूद्रादि को पढ़ाने-सुनाने का न होता तो इनके शरीर में वाक् और श्रोत्र इंद्रिय क्यों रचता? जैसे परमात्मा ने पृथ्वी, जल, अग्नि, वायु, चंद्र, सूर्य और अन्न आदि पदार्थ सबके लिए बनाए हैं, वैसे ही वेद भी सबके लिए प्रकाशित किए गए हैं।

—सत्यार्थ प्रकाश, तृतीय समुल्लास

❖

मैं ईश्वर तो नहीं, किंतु ईश्वर का उपासक हूँ; परंतु वेद मनुष्यों के हित के लिए परमात्मा ने प्रकाशित किए हैं। इस अभिप्राय से कि जहाँ तक मनुष्य की विद्या और बुद्धि पहुँच सकेगी, इतने कार्य मनुष्य कर सकेंगे। अतः यावत मेरी बुद्धि और विद्या है, तावत निष्पक्षात् होकर वेदों

का अर्थ प्रकाशित करता हूँ और यह अर्थ सब सज्जनों के दृष्टिगोचर हुआ है, होता है और होता ही रहेगा। बड़े शोक की बात है कि आज तक एक भी दोष वेदभाष्य में से कोई भी नहीं निकाल सका है। ऐसी निर्मूल शंका कोई भी किया करे, इससे कुछ भी हानि नहीं हो सकती।

—श्रीयुत् भारतमित्र को लिखे पत्र से उद्धृत
(मिती श्रावण बदी 4, संवत् 1940)

❖

जिस मनुष्य की वाणी और मन सदा शुद्ध तथा सुरक्षित रहते हैं, वह वेदों के सिद्धांत रूप फल को प्राप्त होता है।

जो द्विज वेद को न पढ़कर अन्यत्र श्रम करता है, वह अपने पुत्र-पौत्र सहित शीघ्र ही शूद्रभाव को प्राप्त हो जाता है।

जो पुरुष सुवर्णादि रत्न और स्त्री सेवनादि में नहीं फँसते, उन्हीं को धर्म का ज्ञान होता है और जो धर्म के ज्ञान की इच्छा करें, वे वेद द्वारा धर्म का निश्चय करें।

—सत्यार्थ प्रकाश, तृतीय समुल्लास

❖

यह सिद्ध बात है कि पाँच सहस्त्र वर्षों से पूर्ण वेदमत से भिन्न दूसरा कोई भी मत न था, क्योंकि वेदोक्त सब बातें विद्या से अविरुद्ध हैं। वेदों की अप्रवृत्ति होने के कारण महाभारत युद्ध हुआ। इनकी अप्रवृत्ति से अविद्यांधकार के भूगोल में विस्तृत होने से मनुष्यों की बुद्धि भ्रमयुक्त होकर जिसके मन में जैसा आया, वैसा मत चलाया।

—सत्यार्थ प्रकाश, अनुभूमिका उत्तरार्द्ध

❖

वैराग्य

जो विवेक से सत्य को जानता हो, तो उसमें से सत्याचरण को ग्रहण

और असत्याचरण का त्याग करना वैराग्य है।

पृथ्वी से लेकर परमेश्वर पर्यंत पदार्थों के गुण, कर्म और स्वभाव से जानकर उसकी आज्ञा पालन और उपासना में तत्पर होना, उसके विरुद्ध न चलना और सृष्टि के उपकार लेना वैराग्य कहलाता है।

—सत्यार्थ प्रकाश, नवम समुल्लास

❖

वैराग्य अर्थात् विवेक से जो सत्यात्य जाना हो, उसमें से सत्याचरण का ग्रहण और असत्याचरण का त्याग करना वैराग्य है।

—सत्यार्थ प्रकाश, नवम समुल्लास

❖

शरीर

यह जीव मन से जिस शुभ या अशुभ कर्म को करता है, उसके दुख या दुख:रूपी फल को मन से किए को मन से, वाणी से किए को वाणी से और शरीर से किए को शरीर से भोगता है।

जो नर शरीर से चोरी, परस्त्रीगमन, श्रेष्ठों को मारना आदि दुष्ट कर्म करता है, उसे वृक्षादि स्थावर का जन्म, वाणी से किए पापकर्मों से पक्षी और मृगादि तथा मन से किए दुष्ट कर्मों से चांडाल आदि का शरीर मिलता है।

—सत्यार्थ प्रकाश, नवम समुल्लास

❖

शास्त्रार्थ

शास्त्रार्थ करने से मुझे किसी भी समय इनकार नहीं है। मैं इसके लिए सदा उद्यत रहता हूँ, परंतु शास्त्रार्थ इस रीति से होना चाहिए कि इसका प्रबंधकर्ता कोई राजपुरुष हो। इस शास्त्रार्थ में पंडितों के सिवाय

कोई अनपढ़ न हो। शास्त्रार्थ का स्थान ऐसा हो, जो न मेरा और न आपका गिना जाए।

—हरिद्वार के पंडितों को लिखे पत्र से उद्धृत
(12 अप्रैल, 1879)

शुद्ध भावना

जब किसी राजपुरुष से अन्यायपूर्वक पीड़ा को प्राप्त होता हुआ प्रजाजन सभा के बीच अपने दुख का निवेदन करे, तब उसके मन के काँटे उखाड़ दे, अर्थात् उसके मन की शुद्ध भावना करा दे, जिससे राजपुरुष न्याय का पालन करे और प्रजाजन भी प्रसन्न हों।

—ऋग्वेद भाष्य 1.71.4

शिक्षा

जब बालक कुछ बोलने और समझने लगे, तब सुंदर वाणी और बड़े, छोटे, मान्य, माता-पिता, राजा, विद्वान् आदि से भाषण, उनसे बर्ताव और उनके पास बैठने आदि की भी शिक्षा करे, जिससे कहीं उनका अयोग्य व्यवहार न होकर सर्वत्र प्रतिष्ठा हुआ करे।

जब लड़का-लड़की पाँच वर्ष के हों, तब उन्हें देवनागरी अक्षरों का अभ्यास कराएँ और अन्य देशीय भाषाओं के अक्षरों का भी। उसके पश्चात् जिनसे अच्छी शिक्षा, विद्या, धर्म, परमेश्वर, माता, पिता, आचार्य, विद्वान्, अतिथि, राजा, प्रजा, बंधु, भगिनी और भृत्य आदि से कैसे-कैसे बरतना है, इन बातों के मंत्र, श्लोक, सूत्र, पद्य भी अर्थ सहित कंठस्थ कराएँ, जिससे संतान किसी धूर्त के बहकावे में न आए।

जन्म से पाँच वर्ष तक बालकों को माता, छठे वर्ष से आठवें वर्ष तक पिता शिक्षा दें।

—सत्यार्थ प्रकाश, द्वितीय समुल्लास

जो विद्वान् अध्यापक हो, वह जितेंद्रिय होकर सत्यधर्म अर्थात् सत्य के ग्रहण और असत्य के परित्याग, पक्षपात रहित न्यायरूपी वेदोक्त धर्मादि का आचरण और श्रेष्ठ पुरुषों के धर्म में चलता हुआ और पवित्रता में रमण करता हुआ माता-पिता के समान धर्म से शिष्यों को शिक्षा दिया करे।

—सत्यार्थ प्रकाश, चतुर्थ समुल्लास

❖

शूद्र

शूद्र के हाथ की बनाई रसोई न खाएँ। ब्राह्मण, क्षत्रिय, वैश्य वर्णस्थ स्त्रीपुरुष पढ़ाने, राज्यपालन, खेती और पशुपालन व्यापार के काम में तत्पर रहें। शूद्र के पात्र तथा उसके घर का पका हुआ अन्न आपातकाल के बिना न खाएँ।

—सत्यार्थ प्रकाश, दशम समुल्लास

❖

शोक

जीते हुए पुरुष को आनंद प्राप्त होता है, इसीलिए अशोचनीय बात पर शोक करना किसी को उचित नहीं। जो एक अशक्त बात है, उसके शोक में वर्तमान और भविष्य में हानि के सिवाय दूसरा कुछ भी फल नहीं होता।

—ठाकुर नंदकिशोर को लिखे पत्र से उद्धृत
(मिती श्रावण शुक्ल 18 शुक्रे, 1940)

❖

जो मनुष्य उत्तम कार्यसिद्धि के लिए प्रयत्न करे और चक्रवर्ती राज्यश्री और विद्या धन की सिद्धि करने में समर्थ हो सकते हैं, वे शोक को प्राप्त नहीं होते।

—ऋग्वेद भाष्य 1.45.7

स्त्री

जो स्त्रियाँ ब्रह्मचर्य से विद्या के विज्ञानों को प्राप्त होकर पृथ्वी आदि पदार्थों से उपकार ग्रहण कर सकें, वे स्त्री ही रानी बनने के योग्य होती हैं।

—ऋग्वेद भाष्य 3.38.3

राजादि स्त्रियों को चाहिए कि सब स्त्रियों के लिए न्याय अच्छी शिक्षा दें और स्त्रियों का न्यायादि पुरुष न करें, क्योंकि पुरुषों के सामने स्त्री लज्जित और भयमुक्त होकर यथावत् बोल या पढ़ ही नहीं सकती।

—यजुर्वेद भाष्य 10.26

स्थापन

विद्यासभा, धर्मसभा और राजसभा में मूर्खों को कभी भी भरती न करें।

—सत्यार्थ प्रकाश, षष्ठम समुल्लास

जिस कर्म में जिसका स्थापन सभा करे, वह पुरुष उस अधिकार की यथायोग्य उन्नति करे और जिस अधिकार में जिसका नियोग हो, वहाँ जो आज्ञा हो, उसका वह कदाचित् उल्लंघन न करे।

—ऋग्वेद भाष्य 3.37.6

राजा और राजसभा सभासद तब हो सकते हैं, जब वे चारों वेदों की कर्मोपासना, ज्ञान, विद्याओं के जाननेवालों से तीनों विद्या, सनातन दंडनीति न्याय विद्या, आत्मविद्या अर्थात् परमात्मा के गुण-कर्म-स्वभाव रूप को यथावत् जानने के रूप में ब्रह्म विद्या और लोक से वार्त्ताओं

का आरंभ सीखकर सभासद या सभापति हो सकें। सब सभासद और सभापति इंद्रियों को जीतने अर्थात् अपने वश में रखकर सदा धर्म का व्यवहार करें और अधर्म से हटे-हटाए रहें, अत: रात-दिन नियत समय में योगाभ्यास भी करते रहें, क्योंकि जितेंद्रिय अपनी इंद्रियों को मन, प्राण और शरीर को प्रजा मानता है, वह इसे जाने बिना बाहर की प्रजा को अपने वश में करने में समर्थ कभी नहीं हो सकता।

—सत्यार्थ प्रकाश, षष्ठम समुल्लास

❖

सभी मनुष्यों को चाहिए कि जैसा पुरुष सब दिशाओं में कीर्तियुक्त वेदों को जानने, धनुर्वेद अथवा अथर्ववेद की विद्या में प्रवीण धर्मात्मा पुरुष हो, उसकी स्त्री भी वैसी ही हो। उनको राजधर्म में स्थापित करके बहुत सुख और बहुत सी शोभा को प्राप्त हों।

—यजुर्वेद भाष्य 10.28

❖

स्वदेश

आर्यसमाज में स्वदेश के हित के लिए दो प्रकर की शुद्धि हेतु प्रयत्न किया जाएगा—एक परमार्थ और दूसरा लोक व्यवहार।

—आर्यसमाज के नियम 17 से उद्धृत

❖

स्वाधीनता

मनुष्यों को चाहिए कि पुरुषार्थ के द्वारा पराधीनता त्यागकर स्वाधीनता को निरंतर स्वीकार करें।

—यजुर्वेद भाष्य 15.5

❖

सज्जन पुरुष

हे अनंत विद्यामय भगवन्! आपकी दृष्टि से हम लोगों का पठन-

पाठन परम विद्यायुक्त हो और संसार में सबसे अधिक प्रकाशित हों तथा अन्योन्य प्रीति से परमवीर्य, पराक्रम से निष्कंटक चक्रवर्ती राज्य भोगें। हममें सब नीतिमान सज्जन पुरुष हों।

—आर्याभिविनय

जो कुछ वेदादि शास्त्रों में व्यवस्था या इतिहास लिखे हैं, उसी का मान करना सज्जन पुरुषों का काम है।

—सत्यार्थ प्रकाश, अष्टम समुल्लास

मनुष्यों को चाहिए कि जो सबसे अधिक गुण, कर्म और स्वभाव तथा सबका उपकार करनेवाला सज्जन पुरुष है, उसी को सभाध्यक्ष का अधिकार देकर राजा मानें अर्थात् किसी एक मनुष्य को स्वतंत्र राज्य का अधिकार न दें, किंतु सज्जन पुरुषों की जो सभा है, उसके अधीन राज्य के सब काम रखें।

❧ ❖ ☙

सत्कार

हे मनुष्यो! जो रानी धनुर्वेद जानती हुई अस्त्र-शस्त्र फेंकनेवाली है, उसका वीरों को निरंतर सत्कार करना चाहिए।

—ऋग्वेद भाष्य 6.75.15

सत्य

सत्य ही सर्वदा विजयी होता है, झूठ कभी भी नहीं। अतः सर्वदा सत्य की उन्नति में सभी उद्यत रहें।

—ठाकुर नंदकिशोर को लिखे पत्र से उद्धृत

❧ ❖ ☙

मेरा इस ग्रंथ (सत्यार्थ प्रकाश) को बनाने का उद्देश्य और प्रयोजन सत्य-अर्थ का प्रकाश करना है अर्थात् जो सत्य है, उसे सत्य और जो मिथ्या है, उसे मिथ्या ही प्रतिपादित करना सत्य-अर्थ का प्रकाश समझना है।

—सत्यार्थ प्रकाश

❧ ❖ ☙

सत्य विद्या

हे महाराजाधिराज परमेश्वर! आप हमें सरल कोमलात्वादि गुण विशिष्ट चक्रवर्ती राजाओं की नीति की कृपादृष्टि से प्राप्त होने की कृपा करो। आप सर्वोत्कृष्ट होने से वरुण हो, सो हमको वरराज्य, वरविद्या, वरनीति दो तथा सबके मित्र शत्रुतारहित हो, हमें भी आप मित्रगुण युक्त न्यायाधीश कीजिए और आप सर्वोत्कृष्ट विद्वान् हों, हमें भी सत्यविद्या से युक्त सुनीति देकर साम्राज्याधिकारी सद्यः कीजिए।

—आर्याभिविनय

❧ ❖ ☙

सत्य-असत्य

सत्य को ग्रहण करने और असत्य को छोड़ने में सर्वदा तत्पर रहना चाहिए।

—आर्यसमाज के नियम-4

❧ ❖ ☙

सभी कार्य धर्मानुसार अर्थात् सत्य और असत्य को विचारकर ही किए जाने चाहिए।

—आर्यसमाज के नियम-5

❧ ❖ ☙

जो मनुष्य पक्षपाती होता है, वह अपने असत्य को सत्य और दूसरे

विरोधी मतवाले के सत्य को भी असत्य सिद्ध करने में प्रवृत्त रहता है।

—सत्यार्थ प्रकाश

जब तक इस मनुष्य जाति में परस्पर मिथ्या मत-मतांतर का विरुद्धवाद न छूटेगा, तब तक अन्योन्य को आनंद न मिलेगा। यदि हम सब मनुष्य और विशेष विद्वज्जन ईर्ष्या-द्वेष छोड़कर सत्य-असत्य का निर्णय करके सत्य का ग्रहण और असत्य का त्याग करना-कराना चाहें तो हमारे लिए यह बात असाध्य नहीं है।

मैं अपना मंतव्य उसी को जानता हूँ, जो तीन काल में सभी को एक-सा मानने योग्य है। मेरी कोई नवीन कल्पना या मत-मतांतर चलाने का लेशमात्र भी अभिप्राय नहीं है, किंतु जो सत्य है, उसको मानना-मनवाना और जो असत्य है, उसको छोड़ना-छुड़वाना मुझे अभीष्ट है।

—स्वमंतव्यामंतव्य प्रकाश

जो ईश्वर के गुण, कर्म, स्वभाव और वेदों के अनुकूल हो, वह सत्य और जो उससे विरुद्ध हो, वह असत्य है।

—सत्यार्थ प्रकाश, तृतीय समुल्लास

संतोष

मनुष्यों को चाहिए कि गौ आदि पशुओं के पालन और भयंकर जीवों की शांति करने से संतोष प्राप्त करें।

—यजुर्वेद भाष्य 16.40

संन्यास

संन्यास उसी को कहते हैं, जो मोह आदि आवरण, पक्षपात छोड़कर और विरक्त होकर संपूर्ण पृथ्वी में परोपकारार्थ विचरण करे।

ब्रह्मचर्य पूरा करके गृहस्थ, गृहस्थ होकर वानप्रस्थ और वानप्रस्थ होकर संन्यासी हो जाएँ। यह क्रम संन्याय अर्थात् अनुक्रम से आश्रमों का अनुष्ठान करता हुआ वृद्धावस्था में जो संन्यास लेता है, उसी को क्रम संन्यास करते हैं।

—संस्कार विधि, संन्यास संस्कार प्रकरण

❧ ❖ ❧

जिस दिन वैराग्य प्राप्त हो, उसी दिन घर एवं वन से संन्यास ग्रहण कर लें। पहले संन्यास का पक्ष क्रम करें और इसमें विकल्प अर्थात् वानप्रस्थ न करें। गृहस्थाश्रम से ही संन्यास ग्रहण करें।

—सत्यार्थ प्रकाश, पंचम समुल्लास

❧ ❖ ❧

जैसे शरीर में सिर की आवश्यकता है, वैसे ही आश्रमों में संन्यास आश्रम की आवश्यकता है, क्योंकि इसके बिना विद्या धर्म कभी नहीं बढ़ सकता।

संन्यास ग्रहण करने का ब्राह्मण को ही अधिकार है, क्योंकि जो सब वर्णों में पूर्ण ज्ञान, धार्मिक, परोपकार प्रिय मनुष्य है, उसी का ब्राह्मण नाम है। बिना पूर्ण विद्या के धर्म, परमेश्वर की निष्ठा और वैराग्य के संन्यास ग्रहण करने में संसार का कोई विशेष उपकार नहीं हो सकता।

जिसके द्वारा सभी अधर्म आचरणों का अच्छी तरह परित्याग करे या जिसके द्वारा नित्य कर्मों में अच्छी तरह स्थिर होकर रहे, वह संन्यास कहलाता है।

—संस्कार विधि, संन्यास संस्कार प्रकरण

जो दुराचार से पृथक् नहीं, जिसे शांति नहीं, जिसकी आत्मा योगी नहीं और जिसका मन शांत नहीं है, वह संन्यास लेकर भी प्रज्ञान से परमात्मा को प्राप्त नहीं होता।

—सत्यार्थ प्रकाश, पंचम समुल्लास

❖

संन्यासी

संन्यास आश्रम को स्वीकार करनेवाला व्यक्ति ही संन्यासी कहलाता है।

—संस्कार विधि, संन्यास संस्कार प्रकरण

❖

वन में आयु का तीसरा भाग अर्थात् पचासवें वर्ष से पचहत्तरवें वर्षपर्यंत वानप्रस्थ होकर आयु के चौथे भाग में सगे-संबंधियों को छोड़कर संन्यासी हो जाए।

लोक में प्रतिष्ठा या लाभ, धन से भोग या मान्य और पुत्रादि के मोह से अलग होकर संन्यासी लोग भिक्षुक होकर रात-दिन मोक्ष के साधन में रत रहते हैं।

—सत्यार्थ प्रकाश, पंचम समुल्लास

❖

जब संन्यासी मार्ग में चले, तब इधर-उधर न देखकर नीचे पृथ्वी पर दृष्टि रखकर चले। सदा वस्त्र से छानकर ही पानी पिए। सदा सत्य का आचरण करे।

जब कहीं उपदेश या संवाद आदि में कोई संन्यासी पर क्रोध करे अथवा निंदा करे तो संन्यासी को उचित है कि उस पर आप क्रोध न करें।

संन्यासी अपनी आत्मा और परमात्मा में स्थिर, उपेक्षा रहित, मद्य, मांसादि वर्जित होकर आत्मा ही की सहायता से सुखार्थी होकर इस

संसार में धर्म और विद्या के बढ़ाने में उपदेश के लिए सदा विचरता रहे।

संन्यासी इंद्रियों को अधर्माचरण से रोके, राग-द्वेष को छोड़कर सब प्राणियों से निर्वैर बरतकर मोक्ष के लिए सामर्थ्य बढ़ाया करे।

जैसा संन्यासी सर्वतोमुक्त होकर जगत् का उपकार करता है, वैसा कोई अन्य आश्रमवासी नहीं कर सकता, क्योंकि संन्यासी को सत्य विद्या से पदार्थों के विज्ञान की उन्नति का जितना अवकाश मिलता है, उतना अन्य आश्रमवासी को नहीं मिल सकता।

—सत्यार्थ प्रकाश, पंचम समुल्लास

❖

बुद्धिमान संन्यासी वाणी और मन को अधर्म से रोककर ज्ञान और आत्मा में लगाए, ज्ञानस्वरूप आत्मा को परमात्मा में लगाए और उस विज्ञान को शांतस्वरूप आत्मा में स्थिर करे।

सब लौकिक भोगों को कर्म से संचित हुए देखकर ब्राह्मण अर्थात् संन्यासी वैराग्य को प्राप्त हो।

पुत्रादि में मोह, धन लाभ से भोग या मान्य और लोक में प्रतिष्ठा से अलग होकर संन्यासी लोग भिक्षुक होकर दिन-रात मोक्ष के साधनों में तत्पर रहते हैं।

प्रजापति अर्थात् परमेश्वर की प्राप्ति के लिए यज्ञ करके उसमें यज्ञोपवीत, शिक्षादि चिह्नों को छोड़कर, आह्वानीय आदि पाँच अग्नियों का प्राण, अपान, व्यान, उदान और समान—इन पाँच प्राणों में आरोपण करके ब्रह्मविद् ब्राह्मण घर से निकलकर संन्यासी हो जाए।

जो सब प्राणिमात्र को अभयदान देकर, घर से निकलकर संन्यासी होता है, उस ब्रह्मवादी अर्थात् परमेश्वर द्वारा प्रकाशित वेदोक्त धर्मादि विद्याओं के उपदेश करनेवाले संन्यासी के लिए प्रकाशमय अर्थात् मुक्ति

का आनंदस्वरूप लोक प्राप्त होता है।

संन्यासी केश, नख, दाढ़ी, मूँछ का छेदन करवाए, सुंदर पात्र, दंड और कुसुंभ आदि से रँगे वस्त्रों को ग्रहण करके निश्चितात्मा सब भूतों को पीड़ा न देकर सर्वत्र विचरण करे।

संसार में कोई संन्यासी को दूषित या भूषित करे तो भी जिस किसी आश्रम में रहता हुआ पुरुष या संन्यासी सब प्राणियों के प्रति पक्षपातरहित होकर, स्वयं धर्मात्मा होकर अन्य को धर्मात्मा करने में प्रयत्न किया करे और अपने मन में यह निश्चित जाने कि दंड, कमंडलु और काषाय वस्त्रादि चिह्न-धारण धर्म का कारण नहीं है।

सत्योपदेश और विद्यादान से सब मनुष्यों की उन्नति करना संन्यासी का मुख्य कर्म है।

ब्राह्मण अर्थात् ब्रह्मविद् संन्यासी को उचित है कि ओंकारपूर्वक सप्तव्याहृतियों से विधिपूर्वक प्राणायाम जितनी शक्ति हो, उतना करे, परंतु तीन से न्यून प्राणायाम तो कभी न करे, यही संन्यासी का परम तप है।

संन्यासी लोग नित्यप्रति प्राणायामों से आत्मा, अंत:करण इंद्रियों के दोष, धारणाओं से पाप, प्रत्याहार से संगदोष ध्यान से और अनीश्वर के गुणों अर्थात् जीवों के हर्ष-शोक और अविद्यादि दोषों को भस्मीभूत करे।

सब भूतों से निर्वैरता, इंद्रियों के दुष्ट विषयों का त्याग, वेदोक्त कर्म और अत्युग्र तपश्चरण से इस संसार में मोक्षपद को पूर्वोक्त संन्यासी ही सिद्ध कर और करा सकते हैं।

जब संन्यासी सब भावों में अर्थात् पदार्थों में निस्पृह, आकांक्षारहित और बाहर-भीतर के सब व्यवहारों में भाव से पवित्र होता है, तभी इस देह में और मरण पाकर निरंतर सुख अर्थात् मोक्ष को प्राप्त होता है।

—सत्यार्थ प्रकाश, पंचम समुल्लास

❧ ❖ ❧

सभा

तीन प्रकार की सभा ही राजा को माननी चाहिए, प्रथम राज्य प्रबंध के लिए एक आर्यराज सभा, जिससे विशेष रूप से सब राजकार्य ही सिद्ध किए जाएँ। दूसरी आर्यविद्या सभा, जिससे सब प्रकार की विद्याओं का प्रचार होता जाए। तीसरी आर्यधर्म सभा, जिससे धर्म का प्रचार और अधर्म की हानि होती रहे। इन तीनों सभाओं से युद्ध में सब शत्रुओं को जीतकर नाना प्रकार के सुखों से विश्व को परिपूर्ण करना चाहिए।

—ऋग्वेदादि भाष्य भूमिका

❖

जो ब्रह्मचर्य, सत्यभाषणादि व्रत, वेदविद्या या विचार से रहित जन्ममात्र से शूद्रवत् हैं, उन सहस्र मनुष्यों के मिलने से भी सभा नहीं कहलाती।

न्यून-से-न्यून दस विद्वानों अथवा बहुत न्यून हों तो तीन विद्वानों की सभा जैसी व्यवस्था करे, उस धर्म अर्थात् व्यवस्था का कोई भी उल्लंघन न करे। इस सभा में चारों वेद, न्यायशास्त्र, निरुक्त, धर्मशास्त्र आदि के वेत्ता विद्वान् सभासद हों, परंतु वे ब्रह्मचारी, गृहस्थ और वानप्रस्थ हों, तब वह सभा हो कि जिसमें दस विद्वानों से न्यून न होने चाहिए और जिस सभा में ऋग्वेद, यजुर्वेद, सामवेद के जाननेवाले तीन सभासद होकर व्यवस्था करें, उस सभा की की हुई व्यवस्था का भी कोई उल्लंघन न करे।

—सत्यार्थ प्रकाश, षष्ठम समुल्लास

❖

सुख

हे मनुष्यो! आप लोग उत्तम गुण, कर्म और स्वभाववाले यथार्थ-वक्ता विद्वान् पुरुषों की राजसभा, विद्यासभा और धर्मसभा नियत करो तथा

संपूर्ण राज्य संबंधी कर्मों को यथायोग्य सिद्ध कर सकल प्रजा को निरंतर सुख दो।

—ऋग्वेद भाष्य 3.38.6

❖

राजा और राजसभा की सिद्धि के लिए ऐसा प्रयत्न करें, जिससे राजकार्य यथावत् सिद्ध हों, जो राजा राज्य-पालन में सब प्रकार तत्पर रहता है, उसे सदैव सुख मिलता है।

—सत्यार्थ प्रकाश, षष्ठम समुल्लास

❖

जो राजा और प्रजाजन एक सम्मति करके उत्तम गुण-कर्म-स्वभाव से युक्त राजा स्वीकार करें तो पूर्ण सुख प्राप्त हो।

—ऋग्वेद भाष्य 4.16.16

❖

जो राजपुरुष ब्रह्मचर्य, जितेंद्रिय और धर्माचरण से पथ्य आहार करनेवाले, सत्य वाणी बोलने, दुष्टों में क्रोध का प्रकाश करनेवाले आनंदित हों, अन्य को आनंदित करते हुए पुरुषार्थी सबके मित्र और बलिष्ठ हों, वे सर्वदा सुखी रहें।

—यजुर्वेद भाष्य 20.6

❖

जिस राज्य में राजा आदि सभी राजपुरुष मंगलाचरण करनेवाले धर्मात्मा होकर धर्मानुकूल प्रजाओं का पालन करें, वहाँ विद्या और अच्छी शिक्षा से होनेवाले सुख क्यों न बढ़ें!

—यजुर्वेद भाष्य 13.15

❖

आश्चर्य इस बात का है कि मनुष्य तीन दिन-रात्रि में समुद्र आदि स्थानों के आर-पार जाएँगे-आएँगे तो कुछ भी सुख दुर्लभ नहीं रहेगा।

—ऋग्वेद भाष्य 1.11.64

❖

जो सभा और सेना के अधिपति वणिजों की भली-भाँति रक्षा कर रथादि यानों में बैठकर द्वीप-द्वीपांतर में पहुँचाएँ, वे बहुत धनयुक्त होकर निरंतर सुखी होते हैं।

—ऋग्वेद भाष्य 1.116.6

❖

जब तक सेनापति और सभापति प्रगल्भ हुए सभी कार्यों में अग्रगामी न हों, तब तक सेनावीर आनंद से युद्ध में प्रवृत्त नहीं हो सकते और इस कार्य के बिना कभी जीत नहीं होती तथा जब तक शत्रुओं को निर्मूल करनेवाले सभापति आदि नहीं होते, तब तक प्रजा का पालन नहीं कर सकते और न ही प्रजाजन सुखी हो सकते हैं।

—यजुर्वेद भाष्य 8.53

❖

जो संग्रामों में एक-दूसरे को हनन करने की इच्छा करते राजा लोग जितनी सामर्थ्य हो, बिना डर के, पीठ न दिखाकर युद्ध करते हैं, वे सुख को प्राप्त होते हैं।

—सत्यार्थ प्रकाश, षष्ठम समुल्लास

❖

सेनापति तथा सेना के भृत्य परस्पर मित्र होकर एक-दूसरे का अनुमोदन कर युद्ध का आरंभ और विजय कर तथा शत्रुओं के राज्य को पाकर तथा न्याय से प्रजा का पालन करें, वे निरंतर सुखी रहते हैं।

—यजुर्वेद भाष्य 17.38

सुख-दुःख

जब इंद्रियाँ अर्थों में, मन इंद्रियों और आत्मा मन के साथ संयुक्त होकर प्राणों को प्रेरित करके अच्छे व बुरे कर्मों में लगाती हैं, तभी वे बहिर्मुख हो जाती हैं। उसी समय भीतर से आनंद, उत्साह, निर्भयता और बुरे कर्मों में भय, शंका, लज्जा उत्पन्न होती है। यह अंतर्यामी परमात्मा की शिक्षा है। जो कोई इस शिक्षा के अनुकूल बरतता है, वही मुक्तिजन्य सुखों को प्राप्त होता है और जो विपरीत बरतता है, वह बंधजन्य दुखः भोगता है।

—सत्यार्थ प्रकाश, नवम समुल्लास

संस्कृत

जो संस्कृत विद्या को नहीं पढ़े और इस देश की भाषा को भी ठीक-ठीक नहीं जानते, वे भ्रम में पड़कर कुछ-का-कुछ लिखते और कुछ-का-कुछ बकते हैं।

अब तक जितना प्रचार संस्कृत विद्या का आर्यावर्त देश में है, उतना अन्य किसी भी देश में नहीं है।

—सत्यार्थ प्रकाश, एकादश समुल्लास

जिस समय मैंने सत्यार्थ प्रकाश ग्रंथ बनाया था, उस समय और उससे पहले संस्कृत-भाषण करने, पठन-पाठन में संस्कृत ही बोलने और जन्मभूमि की भाषा गुजराती होने के कारण मुझे इस भाषा का विशेष परिज्ञान न था।

—सत्यार्थ प्रकाश, द्वितीय समुल्लास

जो कोई अन्य देशीय राजा आर्यावर्त में है, उससे भी मेरी प्रार्थना

यही है कि इस देश में सनातन ऋषि-मुनियों के किए उक्त ग्रंथ और ऋषि-मुनियों की कई वेदों की व्याख्या, उसी रीति से वेदों का यथावत् अर्थज्ञान और उनमें उक्त जो व्यवहारों के नियम उनकी प्रवृत्ति है, उसे यथावत् कराएँ। इसी से यह देश सुधरेगा अन्यथा नहीं और भी यह है कि सत्य विद्या और सत्य व्यवहार सब देशों में प्रवृत्त होना चाहिए, परंतु आर्यावर्त देश की स्वाभाविक सनातन विद्या संस्कृत ही है।

—स्वामी दयानंद सरस्वती के पत्र एवं विज्ञापन से उद्धृत

सृष्टि

सृष्टि उसे कहते हैं, जो पृथक् द्रव्यों का ज्ञान युक्तिपूर्वक मेल होकर नाना रूप बनते हैं।

—स्वमंतव्यामंतव्य प्रकाश

जो कर्ता की रचना के कारण किसी संयोग विशेष के द्वारा अनेक प्रकार से कार्य रूप होकर वर्तमान में व्यवहार करने योग्य होती है, वहीं सृष्टि कहलाती है।

—आर्योद्देश्य रत्नमाला 79

अनादि, नित्यस्वरूप सत्त्व, रजस् और तमोगुणों की एकावस्था स्वरूप प्रकृति से उत्पन्न जो परम सूक्ष्म पृथक्-पृथक् तत्त्वावयव विद्यमान हैं, प्रथम उन्हीं के संयोग का आरंभ होता है। उनके संयोग विशेषों से दूसरी-दूसरी अवस्था को प्राप्त होकर सूक्ष्म से स्थूल बनते-बनाते विचित्र रूप सृष्टि बनी है।

सेनापति

सेनापति से रक्षा को प्राप्त हुए वीर पुरुष घोड़ों के समान दौड़ते हुए शीघ्र शत्रुओं को मार सकते हैं। जो सेनापति उत्तम कर्म करनेवाले अच्छे शिक्षित वीर पुरुषों के साथ युद्ध करता है, वह प्रशंसित होकर विजय को प्राप्त होता है अन्यथा पराजित ही होता है।

—यजुर्वेद भाष्य 9.14

❖

जो सेनापति आदि जितेंद्रिय शूरवीर हों तो सेना और प्रजा भी वैसी ही जितेंद्रिय हो।

—यजुर्वेद भाष्य 29.52

❖

मनुष्यों को चाहिए कि जो उत्तम विद्वान् अपनी सेना का पालन और शत्रुओं के बल को विदारने में चतुर शिल्पकार्यों को जाननेवाला प्रेमी युद्ध में आगे होने से युद्ध करता है, उसी को सेनापति बनाएँ।

—ऋग्वेद भाष्य 1.102.9

❖

हे मनुष्यो! तुम लोग युद्ध विद्या में कुशल, सर्वशुभ लक्षण और पराक्रम युक्त मनुष्य को सेनापति बनाकर उसके साथ अधार्मिक शत्रुओं को जीतकर निष्कंटक चक्रवर्ती राज भोगो।

मनुष्यों को चाहिए कि जो धनुर्वेद और ऋग्वेदादि शास्त्रों को जाननेवाला, निर्भय सब विद्याओं में कुशल, अति बलवान, धार्मिक, अपने स्वामी के राज्य में प्रीति करनेवाला, जितेंद्रिय, शत्रुओं को जीतनेवाला और अपनी सेना को सिखाने तथा युद्ध कराने में कुशल वीर पुरुष हो, उसे सेनापति के पद पर नियुक्त करें।

—यजुर्वेद भाष्य 17.33

सेनापति और सेना के भृत्यों को चाहिए कि आपस में प्रीति के साथ बल बढ़ाकर, वीर पुरुषों को हर्ष देकर और सम्यक् युद्ध कराकर अग्नि आदि शास्त्रों और भुशुंडी आदि अस्त्रों से शत्रुओं के ऊपर बिजली की वृष्टि करे, जिससे शीघ्र विजय प्राप्त हो।

—यजुर्वेद भाष्य 13.10

❖

सेवा

सज्जनों का संग और दुष्टों का त्याग, अपने माता-पिता और आचार्य की तन-मन-धन आदि उत्तम-उत्तम पदार्थों से प्रीतिपूर्वक सेवा करें।

—सत्यार्थ प्रकाश, द्वितीय समुल्लास

❖

हित

मनुष्यों को चाहिए कि जैसे विद्या से सिद्ध होते हुए विमानों को सिद्ध कर मित्रों का सत्कार करें, वैसे ही पुरुषार्थ से विद्वानों का भी सत्कार करें। जब-जब सभासद जनसभा में बैठें, तब-तब हठ और दुराग्रह को छोड़कर सबके सुख करने योग्य काम को न छोड़ें। जो-जो अग्नि आदि पदार्थ में विज्ञान हो, उस-उसको सबके साथ मित्रता का आश्रय करके और सबके लिए दें, क्योंकि इसके बिना मनुष्यों के हित की संभावना नहीं होती।

—ऋग्वेद 1.94.1 मंत्र की व्याख्या

❖

हे विद्वान् लोगो! राजा और प्रजाजनों के साथ एक सम्मति करके जैसे ईश्वर ने ब्रह्मांड के मध्य सूर्य को स्थित करके सबका प्रिय सुख-साधन किया, वैसे ही हम लोगों के मध्य उत्तम गुण-कर्म और स्वभावयुक्त को राजा मानकर लोगों के हित को सिद्ध करें।

—ऋग्वेद भाष्य 4.3.1

श्रेष्ठ

माता-पिता के लिए उचित है कि गर्भाधान से पूर्व और मध्य इसके बाद मादक द्रव्यों, मद्यपान, दुर्गंधयुक्त, रुक्ष, बुद्धिनाशक पदार्थों को छोड़ दें। जो शांति, आरोग्य, बल, बुद्धि, पराक्रम, सुशीलता और सभ्यता का प्रसार करें, वैसे घृत, दुग्ध, मिष्ट, अन्न-पान आदि श्रेष्ठ पदार्थों का सेवन करें, जिनसे रजस-वीर्य भी दोषों से रहित होकर श्रेष्ठ गुणयुक्त हो।

—सत्यार्थ प्रकाश, द्वितीय समुल्लास